Wörter kommen zu Wort

WÖRTER KOMMEN ZU WORT

100 Gedichte
aus 10 Jahren DAS GEDICHT

Ausgewählt
von Anton G. Leitner

Artemis & Winkler

Der Titel »Wörter kommen zu Wort« ist mit freundlicher Genehmigung des Suhrkamp Verlags dem gleichnamigen Gedicht von Karl Krolow entlehnt.
Die Rechtschreibung folgt dem Wunsch der einzelnen Autorinnen und Autoren.
Besonderen Dank an Nico Bleutge und Monika Fürst.

Ein herzliches Dankeschön auch an alle, die mich im vergangenen Jahrzehnt auf meinem poetischen Weg mit Rat und Tat, Mut und Kritik begleitet haben.
Dank an Felizitas, an meine Eltern, Alexander N., Andrea v. C., Andreas A., Axel K., Carola V., Dieter S., Fritz D., Gabi T., Inge N., Irmgard L., Joachim S., Karin F., Karl A. K., Klaus K., Ludwig S., Nikolaus D., Olaf H., Peter B., Peter E., Rainer H., Richard D., Roberto D. B., Tobias B., Ulrich J. B. und Wolfgang P.

Im Gedenken an Karl Krolow und an meine Großmutter Käthe Wölpl.
Anton G. Leitner, im Frühjahr 2002.

»Wörter kommen zu Wort« erscheint gekürzt auch als CD bei Patmos.

Die Deutsche Bibliothek – CIP-Einheitsaufnahme
Ein Titeldatensatz für diese Publikation ist bei
Der Deutschen Bibliothek erhältlich.

Umschlagmotiv: »Woman shouting into a tin-can telephone«
Photo: Getty Images, Stone/Philip Lee Harvey
Umschlaggestaltung: Groothuis, Lohfert, Consorten (Hamburg)
Satz: Fotosatz Moers, Mönchengladbach
Druck und Bindung: fgb · freiburger graphische betriebe
ISBN 3-538-06954-9
www.patmos.de

»Ein Gedicht
rettet einen Tag.«

Roberto Juarroz

»Jemand schüttet Licht
Aus dem Fenster.
Die Rosen der Luft
Blühen auf«

Karl Krolow

Inhalt

IV. Gedichte über Gedichte

V. Lautgedichte

VI. Heilige Gedichte

Anton G. Leitner

Über den Magnetismus der Poesie. VorSätze

Als ich im Sommer 1992 entschied, meine Tätigkeit als Jurist zu beenden, um mich hauptberuflich der Literatur, insbesondere der Herausgabe einer Zeitschrift für Lyrik zu widmen, bescheinigten mir viele großen Mut. Mein Entschluß war jedoch lange gereift. Bereits am humanistischen Gymnasium hatten große antike Dichter und die Lyrik von Karl Krolow und Giuseppe Ungaretti meine Begeisterung für die Poesie geweckt. Erste eigene Gedichte erschienen in der Schülerzeitung, 1981 brachte ich den selbstverlegten Gedichtband »Nachböen« heraus. Mein ›Dichterfreund‹ Helmut Krausser, selbst Schüler, hatte dafür ein Vorwort in Gedichtform verfaßt und wenig später seine Eigenproduktion »Sonnenaufgang in der Hölle« nachgeschoben.

Um unsere Lyrik gegenseitig zu diskutieren, trafen wir uns später als Studenten regelmäßig in den Hinterzimmern wechselnder Münchner Kneipen. Viele meiner heutigen Kollegen kenne ich seit damals: Friedrich Ani, Ulrich J. Beil, Michael Lentz, Ludwig Steinherr und andere, die sich in der vorliegenden Anthologie finden. Wir organisierten gemeinsam Tagungen, auf denen sich erfahrene Dichter wie Karl Krolow, Michael Krüger oder Sten Nadolny mit uns austauschten. 1984/1985 publizierten wir zwei Sammelbände als Privatdrucke, danach bot uns ein Taschenbuchverlag die Möglichkeit, mehrere Originalausgaben mit junger Literatur herauszugeben, u. a. die erfolgreiche Anthologie »Gedichte über Leben« (1987).

Auf einer gemeinsamen Reise nach Prag diskutierte ich Anfang der 90er Jahre intensiv mit Ludwig Steinherr darüber, warum die Poesie als literarische »Königsgattung« oftmals ein stiefmütterliches Dasein fristet. Uns schien die Zeit besonders reif für Lyrik, weil es im Gedicht buchstäblich auf jedes Wort, auf jedes Satzzeichen ankommt, weil gute Gedichte selbst komplexe Sachverhalte präzise »verdichten« (d. h. auf den Punkt bringen) und Verse in einem vertretbaren Zeitrahmen gelesen werden können. Bereits existente Literaturzeitschriften oder Jahrbücher hielten wir teilweise konzeptionell und gestalterisch für überholt. Mit langweiligem Fachvokabular überfrachtet, ähnelten sie mitunter eher zusammengewürfelten Sammelsurien als durchkomponierten Anthologien. Unseres Erachtens fehlte ein Organ, das neben der Erstveröffentlichung von Gedichten namhafter Lyriker und neuer

Talente (zu einem Thema von allgemeinem Interesse) insbesondere alle wichtigen Neuerscheinungen auflistete und kritisierte. Wir glaubten, daß es so einem neuen literarischen Magazin, angereichert mit provozierenden Aufsätzen, allgemein verständlichen Diskussionen, flankiert von unkonventionellen Aktionen, gelingen könnte, die Lyrik verstärkt ins öffentliche Bewußtsein zu bringen. Mit seinem unterhaltenden Charakter könnte es gleichzeitig helfen, unbegründete Verständnisängste vor moderner Dichtung abzubauen.

Bereits in Prag beschlossen wir, unsere theoretischen Erkenntnisse in der Praxis zu erproben. Zu fortgerückter Stunde fanden wir in einer Künstlerkneipe für unser Projekt den Namen »DAS GEDICHT«, der zugleich Programm ist. Zuhause machten wir uns wegen der Titelwahl kundig. Wir brachten heraus, daß Heinrich Ellermann, später Rudolf Ibel, von 1934 bis 1944 »DAS GEDICHT, Blätter für die Dichtung« herausgegeben hatten. In insgesamt 154 Heften mit losen Blättern, die Ellermann im eigenen Hamburger Verlag druckte, versuchten sie, »in möglichst gerechter Weise ein Bild der zeitgenössischen Dichtung und ihrer Impulse zu geben« (Heinrich Ellermann im »Berliner Tageblatt« vom 24. Oktober 1936). Zu ihren bekanntesten Autoren gehörten Gottfried Benn, Georg Britting, Hans Carossa, Franz Fühmann, Peter Huchel, Wilhelm Lehmann und Oskar Loerke. Sie entdeckten einen jungen Lyriker namens Karl Krolow, der später zum Förderer der »Zeitschrift für Lyrik, Essay und Kritik, DAS GEDICHT« werden sollte. Etliche der damaligen »GEDICHT«-Autoren wie R. H. Hinds, Karl Gabriel Pfeill, Herbert Schaeper und Louis Spielmann sind heute in Vergessenheit geraten.

Ellermann und Ibel verlegten mutig Lyrik »in dunkler Zeit«. Ihnen gelang es, »DAS GEDICHT« frei von Nazi-Ideologie zu halten.

Rudolf Ibel versuchte später, »DAS GEDICHT« mit einem veränderten Konzept wiederzubeleben. Von 1954 bis 1959 gab er im Christian Wegner Verlag (Hamburg) insgesamt vier gleichnamige »Jahrbücher zeitgenössischer Lyrik« heraus. Sie waren – wie die heutige Zeitschrift »DAS GEDICHT« – buchstark und enthielten auch einzelne Aufsätze, »Kritische Splitter« sowie eine Auswahl-Bibliographie für einschlägige Neuerscheinungen. In der ersten Folge von 1954/55 formulierte Ibel sein herausgeberisches Credo: »Es würde die Aufgabe eines Jahrbuches nicht erfüllen, wollte es nur *einen* Stil der Zeit einseitig und nachdrücklich fördern, es hat vielmehr die in unserer Zeit möglichen Formen des Gedichts zu berücksichtigen. Der Ehrgeiz des Jahrbuches ist, keiner bestimmten Richtung oder Gruppe zu dienen, sondern einzig dem Gedicht als der bescheidensten und zugleich wesentlichsten Leistung unserer Sprache.«

Als ich 1992 zusammen mit Ludwig Steinherr die »Zeitschrift für Lyrik,

Essay und Kritik, DAS GEDICHT« gründete, konnte ich auf Erfahrungen mit Verlagen und Kontakte im »Literaturbetrieb« zurückgreifen, die sich in den 11 Jahren zuvor entwickelt hatten. Deshalb haben wir bereits für die erste Folge von »DAS GEDICHT« (Oktober 1993) so berühmte Lyriker wie Hilde Domin oder Karl Krolow zur Mitarbeit gewonnen. Ibels liberale und plurale Einstellung als Herausgeber deckt sich vollkommen mit meiner eigenen Auffassung. Ich halte es für unerläßlich, daß ein Periodikum mit dem anspruchsvollen Namen »DAS GEDICHT« ohne innere Zensur *alle* nennenswerten Strömungen der zeitgenössischen Lyrik berücksichtigt, darunter auch anarchische Verse mit beißender Ironie, frecher Erotik, unbequemer Gesellschafts- oder herber Religionskritik (neben einem frommen Jugendgedicht von Papst Johannes Paul II.). Weil Ludwig Steinherr mein liberales Konzept nicht in dieser Bandbreite und Konsequenz mittragen wollte, beendeten wir bereits nach dem Erscheinen der ersten Ausgabe im gegenseitigen Einvernehmen unsere herausgeberische Zusammenarbeit. Seither ediere ich »DAS GEDICHT«, unterstützt von einem ehrenamtlichen Redaktionskollegium, in alleiniger Verantwortung.

Nach wie vor liegt mir das zusammen mit Ludwig Steinherr formulierte Ziel, moderne Lyrik in die öffentliche Diskussion zu bringen, besonders am Herzen. Einerseits lege ich – ohne Rücksicht auf persönliche Bekanntschaften mit Dichterkollegen – großen Wert auf die Auswahl und Gruppierung der Gedichte. Eine ›knackige‹ Lyrik-Mischung kann meines Erachtens besonders wirkungsvoll für die zeitgenössische Dichtung ›werben‹. Um der Poesie einen größeren Interessentenkreis zu erschließen, setzen wir bisweilen auch ungewöhnliche Methoden ein. In Zusammenarbeit mit einer Großbäckerei ließen wir eine Million Baguette-Tüten mit Lyrik bedrucken und über Großhandelsketten verteilen. Unter dem Motto »Ein Gedicht rettet den Tag« publizierten wir Kurzgedichte auf den Feinzuckertütchen eines Zucker-Grossisten, der bundesweit Cafés beliefert. Als wir zur Jahrhundertwende fünfzig führende Literaturkritiker und Dichter eine nationale und internationale »Liste der 100 wichtigsten Dichter des 20. Jahrhunderts« aufstellen ließen (in »DAS GEDICHT« Nr. 7, Oktober 1999), wurde diese weltweit in Millionenauflage nachgedruckt. Bis hinein in große argentinische Tageszeitungen entzündeten sich Debatten an einzelnen Plazierungen.

Das Grundkonzept der Zeitschrift »DAS GEDICHT« hat sich in den ersten zehn Jahren ihres Bestehens nicht wesentlich verändert. An erster Stelle jeder Folge steht eine circa 100seitige Anthologie mit den jüngsten Gedichten namhafter deutschsprachiger Lyrikerinnen und Lyriker sowie neuer Talente, angeordnet nach dem Lebensalter der Autoren. Viele der Gedichte sind Erstveröffentlichungen, einige – wie das wunderbare Gedicht »tempelhüpfen« von Friederike Mayröcker – wurden eigens für die Zeitschrift geschrieben. Oft berichten wir in zweisprachigen Lyrik-Sonderteilen über interessante Entwicklungen im Bereich der internationalen Dichtung. Mario Luzi, den nicht wenige für den bedeutendsten zeitgenössischen Dichter Italiens halten, widmeten wir zum 85. Geburtstag ein eigenes Special (Nr. 7, Oktober 1999). Es folgt ein Essayteil mit Interviews, Streitgesprächen, Diskussionen und Hintergrundberichten. Die dritte Abteilung bildet ein ausführlicher Kritikteil, in dem jeweils circa 50 einschlägige Neuerscheinungen besprochen und weitere 300 Titel bibliographiert sind. Das Erscheinungsbild der Zeitschrift ist klassisch modern gehalten.

Auf Anregung aus dem Kreis der Leserinnen und Leser stehen seit der Ausgabe Nr. 8 (Oktober 2000) der Lyrik- und der Essayteil von »DAS GEDICHT« unter einem Themenschwerpunkt. Wir wollen die sogenannten »ewigen Themen« der Poesie wie »Liebe«, »Erotik und Sexualität«, »Religion«, »Politik und Gemeinwesen« behandeln, weil sie auch für den heutigen Menschen *existentiell* bedeutend sind. Die thematische Ausrichtung der Zeitschrift bewirkte die Verdopplung der Auflage (die Startauflage lag im Frühjahr 2002 bei 5000 Exemplaren).

Als erstes Themenheft erschien das »Erotik-Special« (Nr. 8). Mit dieser Kollektion von erotischen Gedichten im Spektrum ›zart bis hart‹, von der *Süddeutschen Zeitung* als »freches Meisterstück« gewürdigt, zeigten wir, welch *provozierende Wirkung* zeitgenössische Dichtung auch heute noch hervorzurufen vermag. Einzelne Buchhändler boykottierten den Verkauf der Ausgabe, weil sie deren – im antiken Sinne durchaus freizügigen – Inhalt als »Pornographie« mißverstanden.

Auch unter den Autoren machen sich Herausgeber nicht nur Freunde, weil sie zum einen nur einen Bruchteil der Texte veröffentlichen können, die ihnen angeboten werden, und zum anderen gerade in der (persönlichen) Auswahl die eigentliche Kunst und Freiheit des Anthologisten liegt. Beschimpfungen durch beleidigte Lyrikeinsender war ich schon gewöhnt. Anonyme telefonische Morddrohungen – wegen erotischer Gedichte – aber, auf Anrufbeantworter hinterlassen, markierten für mich den traurigen Höhepunkt auf der Skala der Negativreaktionen. Spätestens als das Nachrichtenmagazin *Focus* das »Erotik-Special« in seine Liste der »100 besten Bücher« aufnahm (»eine poetische Sexbombe«) und danach große Fernsehshows (auf *RTL* und *Vox*) sowie der *WDR* (täglich auf *WDR 3*) »geile Gedichte« daraus sendeten, gerieten die selbsternannten Tugendwächter und prüden Boykotteure jedoch ins Abseits.

Die zweite Themenausgabe, »Göttlicher Schein. Heilige Gedichte« (Nr. 9, Oktober 2001), stieß bei der Kritik fast ausnahmslos auf positive Resonanz, nach anfänglichem Zögern reagierten sogar vereinzelt kirchliche Medien und Institutionen mit differenzierten Stellungnahmen und Einladungen zu Diskussionsveranstaltungen.

Im Jahr 2001 häuften sich in Deutschland die Übergriffe auf Menschen mit ›fremdländischem Aussehen‹. Bereits vor den Terroranschlägen des 11. Septembers (2001) ist militärische Gewalt hierzulande wieder zu einem Mittel der Politik geworden. Wie selbstverständlich das Militär inzwischen den Alltag erobert, war an der Präsenz der *Bundeswehr* auf der *Leipziger Frühjahrsbuchmesse 2002* abzulesen. Die Truppe dominierte dort zur allgemeinen Verblüffung als größter »Aussteller« die Messehalle der Literaturverlage. Als ob sie bei einem Veranstalter von Abenteuerreisen angestellt wären, lockten Uniformierte jugendliche Leser mit Strategiespielen, während die ersten deutschen Soldaten tot aus Afghanistan zurückgebracht wurden. Auf der Jagd nach dem »Bösen« nahm die Sprache der »Guten« plötzlich einen monologisierenden Befehlston an. Auch jenes um die Gunst des US-Präsidenten buhlende Kanzlerwort von der »uneingeschränkten Solidarität« – d. h. *bedingungslosen Gefolgschaft* – mit den Vereinigten Staaten, Nachrichten über Parteispenden- und Korruptionsaffären, immer unwürdigere parlamentarische »Theateraufführungen« veranlaßten uns, als drittes Thema »Politik und Poesie / Gedichte gegen Gewalt« zu wählen. An der Nummer beteiligten sich viele namhafte Dichterinnen und Dichter, von Ulla Hahn bis Friederike Mayröcker, von Günter Grass bis Hans Magnus Enzensberger (als Essayist). Sie und auch viele Autoren der jüngeren und jüngsten Generation beweisen eindrucksvoll, daß unsere Dichter keineswegs im »Elfenbeinturm« sitzen.

Seit Anfang 2001 begleitet die neu gegründete Buchreihe »*edition* DAS GEDICHT« mit zwei Titeln im Jahr das Erscheinen der Zeitschrift. Als deutsche Erstausgabe wurden Gedichte und das Tagebuch einer Chinareise von Mario Luzi veröffentlicht. Es folgten zwei Anthologien im Geschenkformat, die klassische Liebes- und Mondgedichte mit moderner Lyrik kontrastieren.

Um die Auswahl für die vorliegende Anthologie *Wörter kommen zu Wort* zu treffen, habe ich *alle* Gedichte, die in den ersten 10 Ausgaben der Zeitschrift veröffentlicht sind, mehrere Male wiedergelesen. Bei der Lektüre traf ich viele alte Bekannte, manche waren mir noch sehr vertraut und lieb, andere mit den Jahren fremder geworden. Die tagelange Beschäftigung mit der eigenen Arbeit des vergangenen Jahrzehnts rief in mir viele Bilder und Assoziationen wach, vor meinem inneren Auge reihte sich Gedicht an Gedicht, lief ein poetischer Film ab. In diesem Film wurden auch unsere inzwischen verstorbenen Autoren wieder lebendig: Karl Krolow, Ernst Jandl, Hermann Lenz und andere. Diejenigen Gedichte, die am stärksten auf mich nachgewirkt haben, wählte ich für diese Sammlung aus. Dabei versuchte ich, die Bandbreite der einzelnen GEDICHT-Ausgaben – von Alt bis Jung, von sanft bis wild – abzubilden. Nach meinem Empfinden entstand ein repräsentativer Querschnitt durch zehn Jahre und zehn Ausgaben. Ich konzentrierte mich, dem Schwerpunkt der Zeitschrift folgend, ausschließlich auf die deutschsprachigen Gedichte.

Hoffentlich treffen Sie beim Lesen viele alte poetische Bekannte, lernen neue Lyrikerinnen und Lyriker kennen und gewinnen sie lieb. Im Anhang erfahren Sie über Person und Werk der einzelnen Dichter mehr und können sich so gegebenenfalls weiter mit ihnen beschäftigen.

Abweichend vom System der Zeitschrift sind die Texte hier nicht nach dem Alter ihrer Verfasser angeordnet, sondern nach inhaltlichen Gesichtspunkten und Korrespondenzen in insgesamt sieben Kapitel eingruppiert. Drei Abteilungen folgen den bereits geschilderten Themenschwerpunkten (»Eros«, »Religion«, »Politik und Poesie«), vier neue sind entstanden: »Landgedichte«, »Stadtgedichte«, »Gedichte über Gedichte« und »Lautgedichte«.

Daß diese Auswahl nicht nur als unterhaltsames Lyriklesebuch dienen kann, sondern – sozusagen im Vorübergehen – die Vielfalt und Vitalität der deutschsprachigen Lyrik von 1992 bis 2002 spiegelt und dokumentiert, ist sicherlich ein schöner ›Nebeneffekt‹. Jeder kann daraus eigene Schlüsse ziehen. Mich persönlich fasziniert, wie sich gerade Lyriker der jüngeren Generation, Bastian Böttcher zum Beispiel, mit ihrer Lust an Lauten und Sprechkunst wieder dem Ursprung der Poesie, ihrer Klanglichkeit, annähern, die Poesie der 90er Jahre zur »Lautpoesie« machen ... Wer eine bestimmte Lyrikerin oder einen Lyriker in der vorliegenden Auswahl vermißt, wird vielleicht in den ersten zehn Ausgaben von »DAS GEDICHT«, die zur Zeit noch alle lieferbar sind, fündig.

Poesie verbindet. Sie hat mich persönlich einer Reihe von Menschen nahe gebracht, die die Lyrik lieben. Ohne die Mithilfe von uneigennützigen »Überzeugungstätern« und eingefleischten PoesieliebhaberInnen in meiner unmittelbaren Umgebung hätte ich meine Arbeit gegen viele Widerstände nicht durchhalten können.

Gute Poesie macht Lust auf mehr Lyrik. Wenn Sie nach der Lektüre dieser Sammlung mehr Appetit auf Verse bekommen, hat es sich für alle Beteiligten gelohnt, diese *Wörter zu Wort kommen* zu lassen.

Weßling, im Frühjahr 2002 Anton G. Leitner

I.

»jetzt wird es zeit aus dem rahmen zu fallen« *Andreas Altmann*

Landgedichte

Ernst Jandl

vorwort

1
der baum ist kunstvoll
und alles in der luft
zugleich. von weitem
erhebt natur den schatten.
luftig in der hand schwindet
die schwarze tiefe. noch unvertrieben
kommt die erwähnte
kurze kurze zeit.
schnee und reif
sind eng genug dazu.
horch! die kirschen
enthüllt er gelassen.

2
verhaftet
in diesem haufen stein
blickt er
aus strahlen
nach norden.
an kopf und kinn
die sterne des himmels
flogen tief
aus genieteten augen.
etwas ist

der käfer.
ein feuerball.
dreißigtausend
gebar
ein sandkorn.

3

rascher, kleiner: das
ist ordnung und
verstaubt.

weiter
umschweben
die breitschultrigen straßen
grat und boot.

wurzelfest gebrannt,
den schnabel steil,
krächzen
zahlen.

ein fremdes schleift
hinter den blitzen her.

die wolle
frischer geschlechter
ist angepaßt.

Hermann Lenz

Morgens

Bäume im Wind: glitzernd und groß,
Als machten sie dir etwas vor:
Schau her, wie gesund wir sind.

Frühlicht schleicht sich davon,
Bläulich und fahl, verdüstert von Nacht
Und beschämt von den Vögeln,
Die zirpen, jubeln und schnarren
Voll Freude über die Blätter
Und das Glänzen im Efeu,
Wenn der Morgen heraufkommt.

Friederike Mayröcker

im Flur oder Flug gestern 1 Stimme gehört die deiner so ähnlich war dasz ich ahnte wie sehr du auch durch deine Stimme erscheinst

die Ameisen die Vögel die Jaguare (auf den Bäumen)
sie tragen *alles mögliche* ich meine sie tragen MÖBELSTÜCKE
und Körbe hinauf in ihre Nistlöcher so erzählt H. P. am Telefon,
die Silhouette aufwärts auf weiszer Wand usw., denk nur
die Ameisen und wie sie transportieren ich meine SCHLEPPEN
die Möbel die Körbe etc., während *die Mohntüten die Mohnblüten*
abermals, ach im Garten der Frühling! der Frühling! die
Feuchtigkeit von Erde und Luft, bei eingezogener Lippe, der
von Gabeln durchflochtene Teller, *diese Unterarm Musik* usw.,
sage ich, auf dem Oberdeck eines Lieferwagens an 1 Sonntagmorgen
unter dem Fenster vorüber 1 Kanapee voller Frühlingsblumen und
Lanzarote, 1 kleiner Pappendeckel Tisch auf meinen Knien, dann
ist 1 weiszer Neumond im Fenster, nämlich feucht glänzender
silberfarbener Fischerbube..

11.5.99

für Christel Fallenstein

Hans Georg Bulla

Aus Höhlen

Bewegung, die innere
Musik, sempre vivo,
einen Augenblick in der
Höhle, aus der gibt es
keinen zweiten, dritten
Ausgang, tanz dich
in die Spur der Nacht,
du kannst die Augen
schließen, Licht ist
nur die eine Möglichkeit.
Ich bin hier, mit dem
Rücken zum Sommer.

Andreas Altmann

du sagtest, alles

schwarz und feucht greifen die bäume ein
armig in den boden. wolken drücken sich, auf
den zementierten tischen sammelt sich staub
der blätter in kleinen pfützen. leere plätze
reihen sich aneinander als wäre die zeit aus
dem gang gekommen, macht laub die wege blind.
anfällig sind gesichter, die sich in kleineren
räumen bewegen. sie hinterlassen laufenden
spiegeln ein anderes bild als sie sehen.
die haut der zimmer wird warm. ich verschlafe
den zug, der nur noch vorbeifährt, dein haar
das mir nachweht am fenster. du sagtest,
alles läuft auf die gleichen dinge hinaus.
für solche sätze wollte ich worte erzählen.
mit dem zögern sie zu verlieren, wartete ich.

Karl Krolow

Ich sehe rot

I.
Ich sehe rot.
Der Garten will es so:
Canna und Dahlie.
Das Rostrot der Rotkehlchenkehle.
Ein Farbton, ein Märchen lang
wie dieses Rotkäppchen der Brüder Grimm –
es leuchtet die rote Kappe des Mädchens.
Alles ging noch einmal gut aus:
Perrault sah nichts als den Schrecken.
Ich sehe rot:
die Tracht des Henkers,
die Hansaflagge, im Mittelalter
Sturmfarbe des Deutschen Reiches.
Immer geht es
um Leben und Tod:
Scharlach, Zinnober, Karmin und Koralle,
eine Sättigung, sinnlich genug
zwischen Mann und Frau.
Ich sehe rot für das Leben –
Signal für Gefahr, die Rote Kapelle,
Rote Erde: mein Land unterm Schuh,
roter Faden, den ich nicht
aus dem Blick lasse –:
So sehe ich, sehe rot

das Haar einer Freundin, die
grünlichen Augen dazu: schön Rotraut.
Ach, Sozialismus, ach, Revolutionen:
noch gestern die alte Farbe
einer Utopie! Oder sehe ich recht,
wenn ich sage: dieser einzigen
Wirklichkeit?
Rot sage ich, weil Blut floß
und Staaten entstanden, Versuche,
eine Welt zu verändern, utopisch.
Und man schüttelt sich jetzt,
sei's vor Entsetzen, sei's aus Trauer. –
Rot fassungslos: eine Gartenfarbe, nichts anderes.
Es blühen die Dahlien. Der Herbst kommt.

Kurt Marti

herbsttag

herbstlaub flirrt
            im nordostwind
                        spätäpfel fallen
»auch ich« sagt die greisin
                        »gehe bald ein
                        ins grosse recycling
                        – ça me fait rire«
früh am nachmittag schon
            nehmen schatten wieder
                        vom rasen besitz
und eh es noch abend
            legt sich der wind
                        unter schräger zirbelkiefer
zur ruhe

Georges Hausemer

Blinder Traum

Ameisen sehen Rauch sehen Spuren im Lehm
Farben sehen was von den Fahnen übrig blieb

Schnee sehen Puppen aus Lack die Hand
vor den Augen das Auge die Trauer der Puppen

Sehen den Pilz auf der Lippe den Mund
den reglosen Mund mit den giftigen Dornen

Den Grünspan auf den Zähnen die Zähne
sehen die Hörner der Tiere den Ameisenbär

Schultern und den Morgen im November
sehen und sehen wie naß er ist der November

Mit seiner nassen Wäsche den Regen sehen
der winzige Löcher in die Kopfhaut

Sehen die enge Straße das Vibrieren der Luft
sehen von innen nach außen die Luft

Die Erde sehen die nasse Erde wie sie
zu Lehm wird darin die Spuren die Spuren

Das nasse Vibrieren der Spuren
nach innen sehen ins Herz der Erde das Herz

Das Herz brennen sehen tief in der Erde
den Brennkern sehen von außen nach innen

Und zurück und zurücksehen als die Hand
des Vaters vor den Augen des Kindes

Sternchen sehen leuchtende Ameisen
Rost am Kinn am Ohr des Vaters

Sehen den Rost der zu bröckeln beginnt
die Jahre in denen der Rost bröckelt

Der Pilz auf der Lippe wächst
wie eine Blume im Regen eine nasse Blume

Im März wenn der Ameisenbär
Blumen frißt sehen wie er kaut und kaut

Bis das Kind in den Spuren das Kind
wie es am Boden liegt die Hand vor den Augen

Nichts sehen die Augen geschlossen
Löcher im Kopf durch die es regnet es regnet

Johannes Kühn

Mein grauer Kopf

Mein grauer Kopf paßt zu den alten Bäumen.
Und es passen
die Kinderlocken zu den Gartenblumen.
Und Wetter könnt ich blasen, wilde,
in Erinnerung
an schlechte Tage.

Ich streichle auch den Hund,
der bissig ist. Mit meiner Hand
grüß ich den Nachbarn.
Es gibt Begegnisse
mit Blättern, die am Boden wirbeln
und mich umringen.

Entfernt von einem Dach
will ich nur sein
mit Hut und Schirm.
Vielleicht will ich auch denken
an das Schicksal
des König Ödipus.

So eins genügt,
daß ich zufrieden werd mit mir,
dem bitteren Geschmack der Stunde.

Was ist ein Windbiß ins Gesicht,
was ist ein Frost,
der sich auf meine Brust setzt!

Jürgen Becker

Was es ist

In jedem Fall bleibt das Heft
offen liegen; es könnte ja schneien, bevor das Laub
in den blauen Säcken verschwunden ist; es könnte sich
unterm Dach der Remise das Rudel Rehe
hin und her bewegen. Im Anflug eine rote Maschine, und wenn
sie zur Küste abdreht, steht eine Erinnerung, die noch
nicht weiß, wann sie gebraucht wird, vom Tisch auf.

Alles in Vorbereitung. Man beginnt zögernd. Der Rauch
der ersten Zigarette steht wie ein dünner, leichter Himmel
im Zimmer. Es geht nicht um
eine direkte Verbindung, um leer zu machende Räume
und eine Strategie, die es ausführt.

Zu früh für ein Inhaltsverzeichnis. Der Sommer
schaltet sich noch einmal ein, kurz vor Mitternacht
in der Talkshow. Und das Interview
über Pilze, Kiefernwälder, vermintes Gelände
kommt über die Hoftür herein, wo die Fahrräder
stehn für die Frühschicht.

Als liefe der Film zurück, bis in die Szene, in der man
fast nichts sieht von Schienen und Bahnübergang
vor den Kulissen des Nebels. Jetzt fängt die Geschichte
erst an; man war schon mal weiter.

Wie immer, verschoben wird der Termin, und man setzt
die Vorbereitungen fort; nichts Großes, die gewöhnlichen Manöver,
alles eine bekannte Umgebung.

Inzwischen hat es geschneit; inzwischen hat sich
der Krieg beschäftigt mit einer abtrünnigen Provinz.
Unschuldig sind sie alle, und nur auf den Flächen
der großen Flüsse hat der Schnee keine Chance.

Man telefoniert und fragt, ob
die Zimmer noch frei sind; ein kurzer Aufschub, bis
leer geräumt sind die Straßen, obschon es
nur Ausflüchte sind, ganz leicht zu durchschauende
Simulationen. Flüchtlinge sind unterwegs, nur sieht man
sie nie, oder man schaut in die andere Richtung.

Aber die Kälte dringt langsam ins Haus, warum überhaupt
stehen so viele Fenster offen; es gibt keine Wünsche, die
einfliegen, ausfliegen, und das Bild
von der belgischen Küste, über der die rote Maschine
kreist, taucht vorläufig nicht mehr auf.

Also weiterhin Skizzen, eine vage Architektur, die
eine Weile sich über die Blätter bewegt, bis man weiß,
so geht es nicht weiter. Draußen nimmt zu
und nimmt wieder ab das Geräusch von Korrespondenzen;
wer mitspielen will, drückt die Taste. Das Rudel
schreckt hoch, sichert zur Straße hin, aber es kann, wenn
man aufsteht und hinsieht, von woandersher kommen.

Andreas Altmann

weiter ab

ungezählt bin ich durch bäume gegangen
dazwischen die straße glatt und begrenzt
weiter ab sind bänke in den boden gelassen
eine steht kopf ich setz mich daneben
hier ist jedes fremde gesicht ein ereignis
für mich wird ein anderer kommen noch
gähnt das breite verschlüsselte haus
gegen den himmel der die gegend am meisten
belebt oder farben entzieht mit meinen worten
haben mich namen versprochen die an den türen
geblieben sind mir durch ihre stellung augen
geöffnet haben jetzt wird es zeit aus
dem rahmen zu fallen und nach dem regen
zu gehen der alles ein bißchen verändert

Lutz Seiler

mein jahrgang, dreiundsechzig, jene

endlose folge von kindern, geschraubt
in das echo gewölbe der flure, verkrochen
beim gehen gebeugt in die tasche

eines anderen, fremden mantels, sieben
voll wachs mit einer aus dielen
geatmeten schwere, acht

mit einer aus piss-
becken zu kopf gestiegenen schwere, wir hatten
gagarin, aber gagarin

hatte auch uns, morgens das gleiche, der schrift
folgende scharren der ärmel
über den bänken & mittags
das schlagwerk der löffel, wir hatten

den tischdienst, den milchdienst, den druck
einer leerkraft in den augen gelee
in den ohren bis
sie verstummte
die schwerkraft verstummte
in unseren mützen
das waren die schmerzen

beim urinieren, im schutzwald
beim sprechen, wir hatten
zitate: dass wir den schattenseiten des planeten
        wenigstens *eine lichte entgegenhielten*
            erst alle gemeinsam & dann
             jeder noch einmal
              still für sich, wir hatten

kein glück. also zerfallen die häuser
                 werden wir endlich
       wieder klein &
reiten zurück in die dörfer aus holz, aus
stroh, aus denen wir kamen, rissig & dünn
mit einem am wind

geschliffenen echo: wir grüssen gagarin, wir
hatten kein glück, abfahrt, zurück
in unsere dörfer
            & ausfahrt der dörfer
über die äcker bei nacht …

Robert Schindel

Im Hochwald

1
Und in den Wald
Der verkrautet und gefleddert
Hinaufgeht zur Mulde
Sterbendes Unterholz
Mürbes Reisig später die Heidelbeeren
Neben grünbärtigen Wackelsteinen der
Reifpilz den das Volk Zigeuner nennt mit
Uraltem Schimmer auf seinem Hut.
Ich da drin das Messer
Zwischen den Zähnen aber freundlich
Der Grüne Knollenblätterpilz
Unschuldig wie der Hochwald
Bei sinkender Sonne

2
Und ich nehme andere Pilze
Lege das Messer in den Korb
Daweil die Liebste in ferne
Verkrautete Zeiten
Gewandert. Um mich
Dämmert es nun und
Plötzlich ist auch
Der Waldrand da.

Arne Rautenberg

reanimieren von weihnachtskarpfen

es ist verboten messer
mit holzgriff zu benutzen die
letzte wässrige blutbahn

fließt in den weiß umkachelten
ausfluß ein schlauch
spült in gespaltenen leibern

mit beiden händen wird das blockmesser
gedrückt schwimmblasen berühren erste
außenluft haufenweise liegen

innereien kaltes blut
umschliert dickrote gummihandschuhe
entreißen muskulös jedes geheimnis

fein perlt es aus linien die
messer mit holzgriffen ziehen vom
anus zum bulbus arteriosus

ein trockenflossenschlag zittrig
eine kiemen und maulöffnung auf die köpfe
von lederkarpfen sausen totschläger

nachts wenn die welt rauscht
ist es verboten lebende karpfen
durch die luft zu schmeißen

Wulf Kirsten

wetterwinkel

morgen schon oder heute, wer will wissen,
nimmt sich das brecheisen selbst
in die hand, dann wird die wahrheit, was
denkst du, in vier teile zerschlagen,
nun singe im haus, sag, was du willst,
spring über stoppeln, lauf barfuß,
der ährenkranz ist schon gebunden,
die gaben gebracht und liegen
zuhauf vor dem altar, bald heult
ein wütender wind im rohr und beutelt
die schiefer, wer weiß, ob dann
der himmel noch zu seinem wort
steht und die säulenschäfte der kumthalle
nicht im handumdrehen pappenstiele
sein läßt, was nicht alles hat er schon
leichtfertig zerbröselt, wenn er wild
auffährt mit siebenschneidigen
wolkengesichtern, wenn er zornig
auftrumpft und im feuereifer den grün-
geschuppten jammernestern ein vater-
unser nach dem andern durch die sparren
bläst, jede bruchsteinwand kalligraphisch
aufgemauert, mit weltgewichten schwer
behängt, während du schön verdrießlich
späne geschlissen auf der ofenbank und

dir nichts böses gedacht hast
in unverfrorener einfalt, damals,
als du im wetterwinkel gewohnt
und nicht gewußt hast, wie da
herauskommen, an hundert und einem
faden hingst du verstrickt
am talhängigen bergleib, komm zu dir,
wiesenschaumkraut im maiwüchsigen gras,
mein bach fließt vorbei, eh ihn
der müller übers wehr stürzt, wohin
schwamm die ringelnatter, die dich
angezischt hat, wohin die blauen bänder?
komm zu dir, sauerampfer, frühlingszarter sauerlump,
erst wer dein blatt gekostet, weiß,
wie das jahr im wetterwinkel geschmeckt hat.

Horst Bingel

Felsenmeer

Wir haben uns eingegraben, Stollen an Stollen, die Wälder
umgestülpt,
wir haben der Erde Schätze abgefackelt, sie jagt uns in
Teer und Federn von dannen, nackt, entblößt, wie
wir kamen,
uns bleibt die Flucht, die Wege, aufgerissen, zersprungen,
wir haben die Berge abgetragen,
noch einmal, wir halten an. Wer grüßt?
Wir, die Steine, sie schmerzen, der Asphalt, die Sonne,
noch einmal, es schmilzt, hängt fest, zieht
Blasen,
wir werden mit Blei die Formen ausgießen.

Wir haben uns angestrengt, es waren Frauen, Kinder, die
weinten,
wir haben der Sonne Gewinn abgeschöpft, das Licht
gestohlen, ausgetrocknet den Fluß,
uns bleibt der Sieg, wir, niemand, der folgt, wir, wir
greifen den Wind,
noch einmal, wir verbieten die Geschichte, keiner fragt,
niemand erzählt.
Wir, der Marsch, ohne Ende, wir ziehen den Fischen die
Kiemen lang, wir, Amphibien, erjagt,
wir werden in Stein jetzt feilgeboten.

II.

»wer heut eine ubahn beherrscht, hat morgen gut lachen.« *Kathrin Schmidt*

Stadtgedichte

Hans-Ulrich Treichel

Anflug Kiew

Unter mir der Fluß
mit dem rollenden Namen,
er rollte durch meine Kindheit,
entsprang im Mund des Vaters,
der das Schilf schnitt am Ufer,
der den Stör fing, den Lachs,
der den weißen ukrainischen Himmel
mit schwäbischer Gründlichkeit
pflügte, Zäune zog durch die Wildnis,
und nach zwei Kriegen noch immer
herumtrug im Mund und unter der
Zunge die Geräusche des Flusses,
der noch immer den Pflug zog
durch Nebel und Sumpf.

Günter Kunert

Analogien

Schlaffe Blätter verblühter Rosen
zwerghafte Kopien
weiblicher Details. Eindrücke
verbünden sich konspirativ.
Menschenmassen in Regalen gestapelt
unsichtbar abmarschbereit –
Oh du mein Schuhgeschäft!
Nebenan Hemden als Botschaft
unserer unaufhebbaren Blöße.
Und am Zeitungskiosk
des eignen Unglücks Voyeure
verharren mit heißem Bemühn
im Studium
ihrer diversen Todesurteile.

Ulrich Johannes Beil

Tropisches Parlament

Die indianische Kalkmaske an der Front
des LKW, die Lust auf Palmen, im Türspalt
das rohe Fleisch:

Alles hier teilt uns mit,
daß es schon angekommen ist –

selbst das, was noch fehlt und was uns anzieht
wie die Lücke zwischen der verschnörkelten Villa
und dem vertikalen Dollar-Pool.
Auch der Arm- und Beinelose,
mit glänzender Ware davor hingerichtet,
seine unverkäufliche Präsenz.

Utopien: seit Jahrhunderten lagern sie da,
abendrot, zu Erde zerrieben,
Schorf an den Rändern der Stadt.
Im Shopping feuern sie auf den Präfekten,
während sich die Nackte vom Plakat
zu räkeln scheint in der Vitrine gegenüber
und wir nur zögernd vorankommen,
uns zu einem Ziel außerhalb durchfragen,
an dem wir Stunden später gewesen sein werden –

»Hörst du das Zuckerrohr rascheln?
Die Menschen im Interior haben ruhigere Augen ...« –

weil alles danebenging, was organisiert war,
doch auf eine Weise, daß es schien, als hätte es,
aus heiterem Himmel, trotzdem geklappt.
Wir waren in der Stadt, wir sind es wieder.

Prächtig –
wie der Gummibaum den Platz ausfüllt,
als komme es auf den Verkehr nicht mehr an.
Wie er die verschiedensten Richtungen einholt,
Ast für Ast, dieses stille Parlament um seinen Stamm
versammelt, grüne, blankpolierte Zungen,
um sie schließlich in sich selbst zu härten, die Muskeln,
zu vergraben –

solange das allgemeine Getöse uns
und die Erinnerung an die Stadt
in der Stadt betäubt.

Gert Heidenreich

Istanbul. Beyoglu. November

Schöner als anderswo fand ich die
Tauben in Istanbul: grünhälsig
Mit blauem Glanz auf den Federn, als hätten
Sie sich soeben heraus gehoben aus den
Kacheln der Yeni-Moschee.

Manche trugen ein rotes
Band unterm Kopf

Wie das Schaf in der Armenküche
Von Eyüb, das von der kaschmirgekleideten Dame
Gewählt, gewogen vom Mann mit der Mütze, sofort dann
Vom Schlächter in starrer Gummischürze auf den Boden
Geworfen und mit einem entschlossenen Schnitt
Zu Fleisch gemacht wurde.

Gelübde und Spende. In der
Steinrinne Wasser und Blut.

Mit den Freunden saß ich nachts in der Passage
Bei Raki und Fisch in leisem Gespräch.
Die Nußverkäuferin kam. Die Alte mit dem
Akkordeon. Der Zigaretten-Schnorrer und
Der Junge mit heiserer Geige.
Zwischen uns auf dem Tisch lag blau und kühl

Und aus Glas der Blick des Propheten.
Er schützte die Redner.

Wer aber schützt Mohammed vor seinen
Propheten? fragte der jüngste der Dichter. Und wer
Uns vor den Verwaltern des Schutzes?

Da habt ihr euch, meine Freunde,
Verwandelt in mutige Tauben. Und jedem wuchs
Wort für Wort, ach, um den Hals
Der Streifen aus Rot.

Volker Braun

Das Magma in der Brust des Tuareg

Mit dem deutschen Paß am Agadir Aerport
In der Wintersonne: ein Identitätstausch
Sklaven belauern mich, und Diebe
Streichen um meinen Fuß, wer bin ich
Ein Nomade im 4-Sterne-Hotel, Zimmer mit Meerblick
Ich kann mir die Jahreszeit aussuchen
FREIZEIT EINE EPIDEMIE noch in der Montur
Des Touristen ein Arbeitsloser lungernd
In den last-minute-Ländern LEBENSLÄNGLICH
Der Wegwerfmensch, nur COCA COLA braucht mich
Die Teetrinker Marrakeschs sind noch zu bekehren
Zu den globalen Göttern, und ich
Nicht mehr getrieben, den Ort zu finden und die Formel
Zugehörig allen unnützen Völkern.

Raoul Schrott

hotels VIII

desde mis poemas mit kargem tisch und dem haus
auf grünem feld sich begnügen – mit dem ellbogen
stütze ich das dach und die nacht darüber
begleicht eine unterschrift · auf dem hof innen
oust al dâr wie der portier sagt
als er den radiator bringt brennt das karbid des lichts
noch in den regen und bläht den vorhang
unter der notdürftig zugemauerten luke
für das was einmal wohl ein speicher war · nur im
spiegeltisch schneidet der dumpfe widerschein
der winkel sich zum aufriß eines hauses
aus einem hundert schritt entfernung · *kairos* · und
innen wieder in dem von vier säulen
offen gehaltenen hof splittern die emailierten fliesen
des *megaron* von der weide
dem lid auf dem krug der winde in der die erde
wurzelt für den fremden für den gast
den man zuerst zur feuerstelle führt · hestia
in der kalligraphie des gitters vor dem fenster
ihr leer gezeichnetes gesicht der nabel · der regen
leckt glut und rauch aus dem kohlenbecken
und berührt so die naht von himmel und erde · in
der nacktheit sind sich gast und gastherr gleich
ein geschenk der trunkenheit *von den gedichten aus*

hotel dar saïd, sidi bou saïd, 26. 12. 92

Kathrin Schmidt

go-in der belladonnen

im oberwasser berlins ein rumoren: breitblättrig,
außer fasson, schlägt die zunge ein rad. wer heut eine ubahn beherrscht,
hat morgen gut lachen. wer heut eine bank überstimmt, ist morgen
nicht nackt, die stimme des filters säuselt aus den gebäuden:
o laß dich durchsaugen vor dem gang in den fettnapf,
den handlangerstatus. belladonnen am hammerklavier
in der philharmonie, belladonnen im pub und im kaufrausch, belladonnen
in den bettelschächten der züge, belladonnen im laken. wenn eine nicht bellt,
wird sie gleich für den hund gehalten, der immerfort schweigt,
und mitleids gefüttert. so wird sie dann wirklich nie zu den
bellen, den donnen gehören. der sturz aus der klaviatur
scheint ein ratschluß von innen, ein silberblick des geschlechts.
überdauert ein tier, heißt das frühling in unbestrittener sprache.
die frau hat der frühlinge ein oder zwei, je nach haut
und behaarung. gib atropin in die lidfalte, und du wirst dein grünblaues
wunder erleben dürfen: den zuspruch der stadt, des kreuzorträtsels,
das sich nicht lösen läßt. noch die sektoren
versuchen den gleichgeschlechtlichen männlichen akt miteinander.
am oberbaumbrückengeländer klebt, wenn ich zeiten wechsle zu fuß,
eine trockene fliege – ich weiß leider nicht, wie insekten
als mumien aussehen müssen, ich denk es mir nur und kratze sie ab
in den dreck, der wenigstens ehrlich am boden liegt: arme alte
und haut, die sich schuppt und erneuert, als wärs der amphibie
darunter nun doch nicht egal in ihrem wechselhellen getue.
aus ihren augen beschießen die belladonnen den fluß,

der *die spree* sich zu nennen niemals bereit war, wie er dir
glaubwürdig mitteilt, wenn du ihn fragst. am besten lüpfst du dazu den
breitbekrempelten hut und schöpfst dir den schluck,
der auskunft gibt, direkt in den hals. nicht amaryllen
säumen den weg in die wohnungen, aus denen batisten gesänge
von hausfrauen herwehn. männer wie pottwale stoßen amber
aus ihrem gedärm in die versiegelte luft. belege ich bald
einen atemkurs, soll mir statt besserung blühen: der schließmuskelkrampf.
im aufgeschnittenen blick trägt die fröschin heut grausame wünsche.
die alkaloide sind weiblich geworden in diesem jahrhundert
und jagen uns durch den schlaf in die schönheit.
belladonnen am hammerklavier in den mittleren schichten, belladonnen
in kneipe und supermarkt, belladonnen mit handlangerstatus. der fettnapf
mit amber gefüllt, auf daß noch die letzte männliche lust ihren ofen verläßt.
pottwal im schlickwasser spree, schlachtschiff im darmdunst
des stadtvolkes: das kommt heraus, wenn bellen und donnen von oben herab
berlin einfach aufsagen wollen als ein gedicht. verhaltenen schritts
geht ein münzrundes weib in friedrichshagen unter dem wasser hindurch.
das ist immer noch mehr, als jesus von nazareth dunnemals
oben probierte, denk ich. und mache
den knick in den knicks, die beuge ins beugen. und lächle.
und lasse mich kommen aus all meinen schießscharten.

Günter Kunert

St. Pauli

Gestank der aus Kellern quillt.
Rinnsale ziemlich gewisser Herkunft
über das Pflaster: Anzeichen
irgendeiner göttlichen Gegenwart.
Aber wen ich auch treffe
nichts ist abzulesen
von seinen Zügen. Gedunsene Haut
hat die Schrift aufgesaugt. Ach
wo finde ich nun die erlösende Botschaft
angekündigt und zugesagt
mir hilfloser Person
von verschiedenen glaubwürdigen Gestalten
in einer sonst verschwiegenen Allee
eines unerwartet lauen Abends.
Jetzt sehe ich auf der Suche
nach dem wahren Leben
nur seine laszive Geste
die zuckende Bewegung zeitweilig
engagierter Amöben
flüchtig hinter den pendelnden Türen
sogenannter Etablissements.

Hugo Dittberner

Die Leinwand

Für Hermann Kinder

Schon damals, als Hitler dem Flug-
zeug entstieg

Er kletterte, krabbelte
geradezu, rappelte sich, scheu
lachend unter einer Lederkappe

Die Kappe trugen damals Helden
für ihre Motor-Bräute

Männer probieren die Technik
aus, hieß die große Reportage

Auch die schönen Bauernsommer,
das fromme Sitzen obenauf,
der eine Platz neben dem Gelb

Sogar die Olympischen Spiele

Es ist ein Gedanke, der fasziniert;
Joseph Roth schrieb: Der Antichrist
und sprach den Trinker heilig

Die Vorstellung ist Klasse, der
Jubel nicht von schlechten Eltern.

Ute-Christine Krupp

die übernächtigte Stimme
eine verkratzte Ouvertüre

ein rotgeschichteter
Himmel, verregnetes Kinderhaar, aufgeplatzte
Haut, ein Rot das
für kurze Zeit –
                    blättert die Wandfarbe ab und
Schreie aus dem Hinterhof: hört endlich
auf, kurz vorm Verstummen wir, mundtot
jetzt, angeklebte Augenpaare, wie der Minutenzeiger
weitertickt; verschwitzte
Worte dann, die gestammelten Kosenamen, angesammelten
Verletzungen, als wären wir
zum letzten Mal –

gespeicherter
Körpergeruch, in der Nacht dann
kehlige Laute, süchtig nach erneuter
Umarmung;
                  eine verkratzte Ouvertüre aus dem
Nebenraum, so lebt er
vom Rollgeld, packt seine
Schichtbrote ein wieder und wieder
gestohlene Stunden, entblößte
Augenblicke, Blickkomplimente und ein
rhythmisches Abbremsen, eingeparktes

Lachen in unserer Zeitnische die
Abschiedsworte schon –, gekrümmtes
Schulterblatt und die Hände einander
entgegen –

Hans Eichhorn

An den Drehtüren

sitzen Orgelmänner und pfeifen
dich zurück. Das Hammerklavier
kennt keine Gnade. Die Stock-

werke rumpeln durch das Fernseh-
bild, riechen nach Terpentin.
Ausgehzeiten: Falsch verstandene

Fortsetzung, wie die verwitterten
Schokoladestücke und der General-
baß im Orchestergraben. Hier,

Fußabdrücke auf Gipswiesen, weiße
Wettervorhersagen und raschelnde
Papiersäcke. Verzinkte Schrauben

schwimmen im Stroh.

Heinz Czechowski

Hinter der Stadt

Die Flurstücke, abendwärts, Feldwege,
Von denen du sprachst,
Ziehn sich durch Raps- und Gerstenschläge
Ehemaliger LPGen, gequert
Von den Gleisen der Grubenbahn
Aufgelassenen Lehms. Staubfahnen
Ziehen vom Baggerloch
Über verkrautete Felder, aufgeteilt
In Parzellen künftigen Wohneigentums.
Alles im Umbruch. Verwaist
Der Schafstall am Kollm, der Schlachtberg,
Markiert mit dem Apelstein Nr. 13,
Befahren von liebesnestsuchenden
Automobilbesitzern. Die Mangelgesellschaft
Abgelöst von der Marktwirtschaft. Gewerbegebiete
Versiegeln den Boden. Sprachlos
Gewordne durchstreifen das Land
Auf der Suche nach
Verlorenen Gegenständen. Volkseigener Schrott,
Herrenlos, türmt sich
Um Dörfer, viehlos, das Soll
Ersetzt durch die Milchquote.
Auf der Suche
Nach Rast und Ruh

Findest du eine
Weggeworfene Schreibmaschine, Marke Filia,
Unbrauchbar
Der computergestützten Gesellschaft.

III.

»Willst du meine Gipfel bewipfeln?« *Jan Koneffke*

Geile Gedichte

Franzobel

Minne

Wahre sie inne, Schmeichelwort,
denn rastlos zieht der Sommer fort,
oh, laß mich dulden Minnesang
den fernen Namenszug samt seinem Klang,
den brachen Schoß, sie weist ihn zu
dem fernen Lehensmann samt du,
noch sonst ein Dienst ist je vergeudet,
der ins Ohr geträuft nie, mich niemals räuet,
hie, hienieden ist der Pflug versehen,
der Heroldin Kleinod nachzugehen,
ihr mit Liedern, Leben, eben beizustehen,
wahre sie inne, Streichelwort,
denn rastlos zieht das Sonnenwort.

Robert Gernhardt

Mann am Nebentisch

I. Der, die und ich im Club Voltaire,
Frankfurt/M.

Da kommt einer rein:
Ist unattraktiv.
Da kommt eine rein:
Ist auch unattraktiv.
Doch ich ahne:
Die zieht was zusammen.

Da macht er sie an.
Und wirkt unattraktiv.
Da geht sie drauf ein.
Wirkt die unattraktiv!
Und doch seh ich:
Die stehen in Flammen.

Er schaut mich nicht an:
Bin ich unattraktiv?
Sie schaut mich nicht an:
Ich bin unattraktiv!
Und begreif: Auch
Verdammte verdammen.

II. Ein flotter Dreier im Metropolitain, München

Er beugt sich vor,
denn er will bei ihr landen.
Er lehnt sich zurück,
denn er will, daß sie sieht:
Bei mir ist wirklich
alles vorhanden!
Es ist unterm Strich
das uralte Lied,
daß er
spricht und spricht und spricht:
Frauen! Die Männer verdienen sie nicht!

Sie hört ihm zu,
denn sie will ihm gefallen.
Sie lehnt sich vor,
damit er ihr glaubt,
er sei der beste Erzähler von allen
und habe ihr Herz
und Verstand geraubt.
Sie schweigt
und er spricht und spricht und spricht:
Frauen! Die Männer verdienen euch nicht!

Ich schau schweigend zu,
dabei würd ich gern reden.
Stattdessen schreib ich,
denn ich will, daß was bleibt.
Ich meine: von mir.
Daher nütze ich jeden
Anlaß, auch den,
der zu Paaren treibt.
Doch was bleibt?
Ein Gedicht, ein Gedicht, ein Gedicht:
Frauen! Wir Männer verdienen euch nicht!

Steffen Jacobs

Angebot freundlicher Übernahme

Hallo,
Muschi, Möse & Co.!
Wir wollen ja nicht stören.
Wir wollten nur mal hören:
Wie geht es euch denn so?

Wie laufen die Geschäfte?
Und laufen auch die Säfte
in ungehemmtem Fluß?
Ist alles noch beim Alten,
die Fügungen und Falten,
ist alles noch im Schuß?

Die Konten noch liquide,
die Räume nicht frigide,
und üppig fließt der Lohn?
Wir hoffen, ihr seid flüssig,
und noch nicht überdrüssig
der fixen Transaktion

des Haschens und des Haltens,
des Mischens und des Spaltens,
des Beugens und des Biegens,
des Bäumens und des Liegens,
des Tutens und des Blasens,

des Schäumens und des Rasens,
des Quellens und des Sprießens,
des Sprühens, Gischtens, Gießens.

Schön wär's, weil wir dann kämen,
den Laden übernähmen,
samt laufendem Verkehr,
daß alles so wie immer,
nur besser, also schlimmer,
daß nichts wie vorher wär:

das Bocken und das Bäumen,
das Zähmen und das Zäumen,
das Jaulen und das Juchzen,
das Seufzen und das Schluchzen,
das Keuchen und das Kreischen,
das Haschen und das Heischen,
das Fassen und das Fleuchen,
das Keu-, das – Keuch –, das Keuchen,

und all die andern Sachen.
Da ließe sich was machen,
gesetzt, ihr sagtet ja.
Dann wäre, Lieb- & Teure,
auf immer ganz die eure:
Sack, Schwanz & Pimmel GmbH.

Jan Koneffke

Locklied

Willst du meine Schrippen bestrippen?
Soll ich deine Backen auspacken?

Willst du meine Stellen abpellen?
Soll ich deine Flecken entdecken?

Willst du meine Axeln bekraxeln?
Soll ich deine Haxen befaxen?

Willst du meine Lappen betappen?
Soll ich deine Happen aufschnappen?

Willst du meine Ecken ablecken?
Soll ich deine Schnecken abschmecken?

Willst du meine Ritzen beflitzen?
Soll ich deine Spitzen erhitzen?

Willst du meine Morcheln beschnorcheln?
Soll ich deine Funzeln rapunzeln?

Willst du meine Muskeln majuskeln?
Soll ich deine Datteln besatteln?

Willst du meine Koppeln behoppeln?
Soll ich deine Moppeln verdoppeln?

Willst du meine Gipfel bewipfeln?
Soll ich deine Wipfel bezipfeln?

Willst du mir ecetraecetra?
Soll ich dir ecetrapepe?

Julian Schutting

Sinnesfreuden

Einem, einem einzigen,
die Süße zu mißgönnen, von
schönen Frauen und blutjungen Mädchen
der Umhüllung beraubt zu werden,
von dero zarten Händen entkleidet
und schamlos oder heimlich in die Mund-
höhle geholt (später auch in den Schlund),
daselbst gesaugt und wohl auch, ganz zart,
gebissen zu werden, um, völlig eins
mit den diesen Weibern von
der Stimme des reinweiblichen Gewissens
dann und wann erhöhten Wonnen
(aber auch hochgefühlig beglückt,
daß seine Unwiderstehlichkeit in Austria,
in Germania, in Francia, in Italia, ja,
in Hispania, dafür sorgt, daß
keinerlei Wünsche unerfüllt bleiben),
auf ihren Zungen dahinzuschmelzen,
festgehalten von eingestülpten Lippen
und von schleimhäutig-weich
triefenden Wangenmänteln umschmeichelt –
diese Lustbarkeiten,
dieses Irdische-Sinne-Beglücken
ihm zu mißgönnen, nämlich sinnes-
feindlich darauf zu beharren,

ein Mann wie er
dürfe nur überirdische Heiterkeit
bereiten, was wäre das sonst als
sittliche Entrüstung und eifersuchts-
voller Neid der Geschlechtsgenossen,
denen es nicht gegönnt sein wird,
unter anderem, ohnehin nur unter anderem,
in einer mit Marzipan gefüllten
Schokoladekugel seines Namens
der Nachwelt für immer lebendig zu bleiben!

(Ja, den Verführungskünsten auch seines Namens
erliegen die einen, während die Puristen
im Namen seiner Kunst gegen seine Ver-
gewaltigung durch Kitsch protestieren)

Bastian Böttcher

Diesige Tage

(im 4/4 Takt gerappt, Zeilenanfang = 1. Schlag)

An
diesigen Tagen wie diesem sitzen wir immer imeim
Zimmer auf der Heizung. Ich les Zeitung und Du schaust raus.
Solln wir in den Regen geh'n oder daheim bleiben
und ein geschmeidigen Reim auf die beschlagene

Scheibe schreiben und beschreiben, wie die nassen
Wassermassen ewig gegen Gehwegplatten prasseln, sich durch
Gassen ergießen und in den Gully fließen, während
wir im warmen Raum die kühlen Schauer genießen. Wir zer-

knautschen die Couchkissen, knicken die chiquen Klappsofa-
polster ab und wir erquicken uns mit Schnickschnack. Am
Fenster perlen Tropfen ab, im Glas perlt der Sekt. Check das
Wetter draußen aus und du hast ruckzuck den Wetlook weg. Ein fetter

Westwind weht, doch weil wir wetterfest sind, geht uns das
nichts an. Es wird dunkel, mach kein Licht an. Wir
lauschen und berauschen uns am Regenrauschen da draußen.
Drinnen wird die Reise bald beginnen.

Weil wir noch
immer imeim Zimmer auf der Fensterbank sitzen, sehn wir ge-
legentlich Lichter in den Pfützen blitzen. Und Regen-
tropfen platschen wie ins Graniniglas rein. Sie bringen
Ringe und die breiten sich aus. Wie allein ein Ge-

fühl in Deinem Bauchbereich. Weich wie Regenwasser
streicht es weiter und draußen wird es rutschig. Wegen
regennasser Straßen und Wege wird das Bremsen ziemlich
schwierig. Halt mich an, halt Dich dicht an mich ran! Und dann ver-

lier ich im Delirium das Gleichgewicht. Ich laß mich
fallen. Ich verlaß mich auf Dich. Auf Dein Gesicht fällt das
Licht der Laterne vor der Tür und Deine beiden
Beine, die berühr' ich aus Versehn, ich kann nichts dafür. Na-

türlich setzen jetzt die geschmeidigen Geigen ein. Wir
schweigen, wir schweifen aus. Und die Kamera schweift
ab auf ein Motiv, tief in Dir drinnen und dann
sieht man nur noch Regenwasser rinnen.

Joachim Sartorius

Diana

Was hat sie ihm erlaubt zu sehen,
bevor er verwandelt wurde? Den Fuß,
den weißen Knöchel, den Rücken
und die Brust? Was sieht man,
wenn man sieht? Ich habe die Sichel
in ihrem Haar gesehen. Ich habe
den Rücken der Welt im Wasser gesehen,
ich habe das Wasser geschändet, die schnelle,
wahnsinnige Furt. Ich habe das Licht
vom Licht unterschieden.

Danach ist nichts.

Die Bienen schweigen,
die Vögel, die vorbeiziehenden Wolken.
Als schaue die Welt auf meine Rute
im Wasser. Habe ich etwas gesehen?
Mein Fell nimmt den Wind auf,
sträubt sich. Ich rieche den Ort,
wo sie war, wo sie den weißen Fuß
ins Wasser tauchte, ich schabe
der Birke die Haut ab, das Licht.
Meine Hufe versinken im Schlamm.

Barbara Maria Kloos

schnacke linie / königsforst

die frau beugt sich weit leuchtet das grün in den kronen
geparkte pferde mit kniestrümpfen weißt du noch einst als
der frühling beugte sich über das kind ihre achseln die
brüste flaum auf den blicken maiglöckchen waldmeister ge
vierteilte früchte im glas wie es wiehert hervortreibt fkk
hinter mauern die blutspur im unterholz gab es sich preis
dein regloses tierauge siehst du die lichtflecken platzende
farne fossilien zum leben erweckt über der uhr sein tattoo
aus verlorener zeit schießt bowle ins becken wolfsgebell
greise aus wachs auf der waldbank die handtücher hütchen in
flüsternder zwietracht beugte sich weit über das kind ihr
leib die nachgeburt unter dem hänger das strahlende mädchen
beim kneippen gischt auf den schenkeln vor unseren blicken
das wilde verirrte ein fuß oder hufabdruck weißt du noch
einst im geröll beugt sie sich weit über kind und mann und
schwiegereltern breitet sich aus den lichten gebeinen des
maibaums spätes mutterglück gott ist das warm hier sagt er
die hand zwischen den brüsten ein babykopf flirrendes laub

Thomas Kunst

Fruchtfliegen, Hotelfäule, drei Türen im Fenster,
Du hättest die Nacht über auch hierbleiben können, ich muss
Schon die ganze Zeit an die Berge von Chocorua denken,
Wenn ich mich richtig an sie erinnere, Chocorua, Nebel,
Alte Sofas und Moskitogerüste, ich hätte mitten im Schlaf
Auf deine Stirn und deine Titten aufgepasst, New England,
Die Schwemmfront der Wolken und Bäume, ich wollte sie doch
Nur beruhigen, Jeaujeau, das Beruhigen ist eine Bewegung, die,
Durch leichten Druck, im Stillstand noch, von oben nach unten
Geht, von oben nach oben, das Streicheln aber geht immer
Zur Seite weg, die Adern, die Zähne, die Lippenverlängerung
Im Winkel der Haare, aber ohne dass der Punkt, von dem
Das Streicheln ausgeht, besonders betont wird, ich würde
Nie wieder versuchen, eine Frau zu beruhigen, die danach nicht
Auch gestreichelt werden will, Ende Juni und in der Adventszeit,
Die Kerzen in den Gardinengärten längst auf ihr Limit
Runtergewachsen, die Nelken im Tee noch ohne Erfahrung,
Behutsame Ruinenbäume, trotz Wurzelgewicht, nur
Streng auf der Seite, wir machen lieber ohne weiter, denn ich
Will, dass du meinen Schmelz, die paar Gramm an Gewebeglasur
Direkt von den Wänden nimmst, ich möchte mit dir
In einem alten Roman wohnen, der unten geschlossen ist,
Die Abendglocke würde läuten, und der Tisch zwischen uns,
Mit seinem Essgeschirr und seinen endlosen Weinkaraffen,
Wäre so ewig lang, dass wir selbst, wenn wir uns
Küssen wollten, den alten Arthur mit beschriebener Serviette
Auf die Reise schicken müssten, die Berge von Chocorua,

Der Nebel, die Kronleuchter, und alles mitten im Schlaf,
Das Verlassen, die Stirn, die Titten, das Aufbrechen, denn
Keiner ist hier für immer, vielleicht führt ja das Warten
Auf die eine Frau im Leben nur zum Tod und
Zu nichts weiter.

Jan Wagner

modigliani malt seinen »rosa akt«

eine dirne, mag sein, oder irgendeine schönheit
montmartres, der straßen hinter dieser wand
mit geräuschen, schritten ins achtzehnte jahr des jahrhunderts.

doch nur das licht darf herein ins atelier,
wo er ist, wo sie ist, hingestreckt auf dem divan.
ocker, karmesinrot, dunkelgelb ...

von feinen schatten umlagerte junge brüste,
die linien der schenkel geöffnet zu einem vielleicht,
ihr blick, der den seinen berührt, sobald er aufsieht,

während sein pinsel die leinwand streift, die hand
kaum merklich zitternd (ist es die tuberkulose,
schlafend in seiner brust wie ein stein in der fassung?),

das junge weiß der leinwand, deren poren
sich füllen mit der feuchtigkeit der farben.
ocker, karmesinrot, dunkelgelb,

farben, in denen das fleisch zu leuchten beginnt:
von feinen schatten umlagerte volle brüste,
die weichen schenkel geöffnet zu einem vielleicht,

die schöne maske des gesichts: da ist noch
ein zweiter blick weit hinter dem blick. der eine
lädt ein, doch jener wartet. und betrachtet.

die gaslaternen, die entzündet werden.
und hinter der stille fällt eine tür ins schloß.
die gaslaternen, die erlöschen werden

und seine finger, die kaum merklich zitternd
(ist es der absinth? die tuberkulose?)
über die leinwand streichen, über das bild,

ocker, karmesinrot, dunkelgelb,
farben, die von innen leuchten, die
vollkommen sind, schon lange trocken, rauh.

hinter der stille fällt eine tür ins schloß.

Kerstin Hensel

Vom Zeh hoch übers Sonnenknie
Setz ich strahlend spitze Lippen
Weltnabel Augenblau! Närrisch
Hüpfe ich
Innen entlang außen ungesäumt
Deinen Stoff steck ich mir ab
Bis er paßt.

Dieter M. Gräf

Duschen

sich küssen unter den Holunder
duschen des August;
                    aber wo
bist du. Unser (nachlassendes?)
Wolfslecken. Schamhügelhand,
wie sie deinen Body löste, sie
verschwindet.
            Deine allmählich
größer werdenden, gebenden
Hände – –

Jürgen Bulla

Liebesbriefe

Für Gisela

Von seinen Rufen fällt das Laub,
nun leg dich auf die Worte.

Said

Sie murmelt jedem Fenster zu
mit abgerissenen Silben.
Ein Tier mit viel Kummer
schläft auf ihren Lippen.
Ihr Leib,
reif für nasse Fragen,
paßt sich der Nacht der Laken an.

Björn Kuhligk

MIT DIR SCHLAFEN

Die du deinen Körper bettest

als eine schöne Linie am Morgen
die Brust erhebst

und ich das Zittern bin
in dir

Gerhard Rühm

versunken
eine goethe-retusche

voll locken kraus die scham im rund! –
und darf ich dann in solchen dichten haaren
mit lüstren händen hin und wider fahren,
da fühl ich mich von herzensgrund gesund.
und küss ich brüste, nabel, untren mund,
dann bin ich frisch und immer wieder wund.
der fünfgezackte kamm, wo sollt er stocken;
er kehrt schon wieder zu den locken.
das ohr versagt sich nicht dem spiel,
hier reibt sich fleisch, glitscht feuchte haut,
so zart zum scherz, so liebeviel!
doch wie man auf dem hügel kraut,
man wird in solchen kräuselhaaren
für ewig auf und nieder fahren.

Kurt Marti

69

kopf
über hals
über bauch
und wie du
mir
so ich dich
auch

Jürgen Theobaldy

Olivenöl

Die Meere aus Schweiß unter dem Hemd,
die hängenden Gärten über den Wellblechdächern,
die heißen Fahrscheinautomaten
und eine Pizza, meine Margherita,
mit Pelati, Mozzarella und Basilico,
Dreieinigkeit des unverwüstlichen Geschicks!

Ohne das siedende Grün in den Gärten
ist dieser Sommer bloß die Hitze,
in der die Mösenmagazine flackern,
und hier liegt die Katze auf dem Teer,
hingehauen ins harte Licht des Breitengrads.

Margherita, die ihren Alten sitzen ließ,
der gar nicht alt ist und nicht sitzt,
ist schöner als Lolita, die ihre Stelle verlor
an schlankere Termine und Tellerminen,
Margherita gibt sich ihren Süchten hin,
Vanille und Chlorophyl im Schatten der Laube.

Einmal war ich dir der Liebste,
bei dir wärmte ich mein Bier,
trank die Pisse gegen schwarzes Blut,
einmal nahmst du von meinem Teller,
was immer ich dir aufgetischt.

Gottverdammich! Männer ohne Frauen
sind Hemden, die nach Soße stinken.
Und Männer ohne Arbeit gehen
auf ein hässliches Alter zu:
Schau den da, eingenickt,
die klebrige Backe auf dem Sportteil.

Sabine Techel

Fliegen lernen

»Lenkwaffen statt Torpedos!« (S. T.)

Zum Beispiel: Frag direkt davor ob sie
Was nimmt. Frag wie Du warst und
Tu als ob Du nicht verstehst wenn
Sie Dir sagt Du warst. Mach Licht

Und schau ob ihr die richtigen Stellen
Rotgeworden sind. Wenn sie Dir hilft
Schnapp ein und frag sie ob das sein muß (Und
Wenn sie ja sagt mach Dich klein)

Schlage ihr vor sie könnte noch was
Lauter schrein. Steh danach sofort auf und zieh
Dich an. Frag nach dem Fahrplan.

Lies ihr Deine letzten Strophen vor
und wenn sie Dich zur Tür begleitet sage noch
man sehe sich ja dann.

Hellmuth Opitz

Schöner scheitern kann man
nicht als der Regen an dem
Licht dieses Sommermorgens.
Da schwärmen Blicke aus, da
wollen die Finger raus in den
Garten unter der Bluse, wo
die Himbeeren leuchtend stehn.
Und hast du nicht gesehn, sind
sie gepflückt, die Dinger und die
Finger fliegen weiter hinunter
die Leiter unterm straff gespannten
Stoff des Himmels, doch an der
finstersten Ecke, kurz vor der
dunkelblonden Hecke, erwischt sie
ein geflüstertes Nein. Was bleibt,
ist Atemlosigkeit und weiches
Nackenhaar, dazu ein glühendes
Gesicht. Nein, schöner scheitern
kann man nicht.

IV.

»die mathematische nacktheit der zwerge wie sie sich vom papier hebt.« *Thomas Böhme*

Gedichte über Gedichte

Karl Krolow

Zwitschern

Zwitschern unsichtbarer Vögel.
Unwillkürlich halte ich die Hand auf,
halte die Zeit auf mit ihrem
Schöntun und ihrer Mordlust.
Ich weiß nicht, was ich tue,
wenn ich die Hand krümme.
Unsichtbar sind Vögel und zwitschern,
übrig bleibt Tageszeit
und deren unsichtbarer Rausch.
Das Ohr ist willig, wie die Finger, die nichts
zu fassen bekommen –
Luft bleibt ein unsichtbares Element.
Rausch reicht bis zum Mord
an allem Unfaßbaren.

Thomas Böhme

grave

die mathematische nacktheit der zwerge
wie sie sich vom papier hebt
ihre vorliebe für vergittertes blond
wispern stroh wispern gold
klistieren öl in jegliche frische nut
daß auch die nabe tanzt
daß auch die spule maunzt
als lösten sich vom rad die rituale

da wachen sie an klumpen ihre fratzen
über den grundriß den schuldschein gebeugt
als rechneten sie kind und katzen
in einer gleichung die sich selbst gefährdet
und drehn die kappen drehn die aureole
daß dröges erz aufschäumt
daß glimmerfarben
an händen haften die nach schlieren greifen

Adolf Endler

Resumé

Bis heute kein einziger *Seepapagei* in meinen vielen Gedichten
(stattdessen schon wieder diese Fadennudeln im Bart);
auch dem *Sabberlatz* nicht das doofste Denkmal gesetzt in Vers oder Prosa,
so wenig wie der *Elbe-Schiffahrt* oder der *Karpfenernte* bei Peitz.

Geschiebemergel dagegen ja!, fast zu häufig die Rede von diesem
(Und meistens mit Fadennudeln im verwahrlosten Bart)!
Nicht vergessen die *Gelbhalsmaus*, nicht fehlt die sogenannte *Naschmarktfassade!*
Selbst *Sägeblätter*, selbst *Kühlhaus-Eier* weiß ich irgendwo untergebracht.

Indessen nicht der kleinste *Seepapagei* in meinem Scheiße-Gesamtwerk!
Um ehrlich zu sein: Das Gleiche gilt für den *Hüfthalter* oder den *Kronenverschluß!*
Und wie konnte ich fünfzig Jahre lang das Wörtchen »Wadenwickel« verfehlen?
Es gibt keine ausreichend liebe Erklärung für das und für dies und für das.

»Darf ich dir die Fadennudeln aus dem Bart nehmen?« (Georg Maurer.)

Dieter P. Meier-Lenz

erinnerung an hofmannsthal

alles ist gesagt
und beschrieben
es sei denn
ich sage:

hundetorso
beschleicht mondfäule

das klingt interessant
und ist gleichzeitig
surrealistisch

schneewittchenhäher
vögelt joringeltaube

das ist pikant
rätselhaft
und führt den voyeur
in den märchenwald

und so vieles
blieb unbenutzt:

einweglosigkeit
penisgunstbescheid

vogeltraumbeleg
fliegenprivileg

thermometerstühle
saturngefühle

so ein paarreim
hält alles zusammen

dazu erfinde ich:

mundfäule
beschleicht gedichtstorso

hatte nicht schon
hofmannsthal
modrige pilze
im mund

Paul Wühr

nun aber

sagt Adorno lieben
heißt fähig

sein der Unmittelbarkeit
sich nicht

verkümmern zu lassen
vom allgemeinen

Druck der Vermittlung
von der

Ökonomie die bald
sagt er

später dieses bald
jener spontan

als attraktiv erscheinen
läßt es

sei die Probe aufs Gefühl
ob es übers

Gefühl hinaus geht durch
Dauer

Gerhard Falkner

Karierter Honig

eine Geliebte, ein Gehölz
ein Würfel ohne Augen
ein Glas Wasser
    vorbestraft
eine Bluse im Boden
    eine Butterbluse:
    warum?

ein Stock, ein Stück Zucker
ein Blick ohne Mandel
ein nacktes Genick
    versteift
ein Finger im Futter
ein verfütterter Finger:
    warum?

Anna Real

Schneefall bei Temperaturen über Null

Man bekommt eine Ahnung
Was wahre Verschwendung sein könnte
Habe ich den Regelkreis Schneefall
Bisher falsch verstanden –
Und das Liegenbleiben des Schnees das veränderte Licht
Gehört schon in ein Nachbarsystem
Völlig verschieden allenfalls
Eine Schnittmenge teilend
Mit einer chaotischen Menge
Von Behauptungen
Die nicht schwer
Wiegen

Es wäre leicht zu ertragen
Gäbe es nicht dieses ›weder noch‹
Das dem Wetterbericht nicht von hier
Bis zur nächsten Synapse traut
Sich heimtückisch einklinkt
Bis es sich nicht mehr zu helfen weiß
Das Gehirn und
Schlingernd
Drauflos träumt

Das Angebot eines malerisch
In den Dales (Yorkshire) gelegenen Internates

(easy access to three different airports)
Meiner Tochter (vorhanden)
Im Falle von Dyslexie (nicht vorhanden)
Auf die Sprünge zu helfen ergibt so
Auch wenn es schließlich
Auf einem falsch angeordneten Link beruhte
Einen Sinn
Legastheniker würden vermutlich
Seech oder enSh schreiben
Aber unter keinen Umständen Schnee
Jedenfalls nicht solange es schneite
S. a. nächstes Schaubild: Die Erscheinungen
Der Natur und ihre lautliche Entsprechung
Und wo bleibt das physiologische Trauma
Wenn eine Flocke mit ungeheurer Wucht auf die Haut stürzt
Als sei es der Zweck der Orthographie
Uns den Mund zu verschließen
In Schriftform
Und schweigend

Erst fielen die Federn. Dann kam ein Kind
Und suchte den Vogel. Es wurde belehrt.
Es lernt einen Namen Man könnte auch sagen
Alles beginnt wie immer – der Blick vor die Füße
Und Schwenk nach oben (What You See
Is What You Get) Zweiunddreißig
Mal vierundzwanzig Land-

Schaft im Winter auf der lichtabgewandten Seite
Tobt das Spektrum wie eh und je
Ausschlaggebend allein
Die Temperatur des Sujets
Und die Tagesverfassung des Malers
Als er endlich den Kopf hob
War Sommer
Und das Licht
Weiß

Karl Krolow

Wörter kommen zu Wort

für Siegfried Unseld

Manchmal gibt es noch Schätze –
Wörter kommen zu Wort.
Die unentdeckten Sätze
harren in einem fort.

Warten nur auf das Finden –
wie sie verlauten und wie
sie leben vor dem Verschwinden
in der Wörter Agonie.

Eigentlich nie geheuer
waren sie lebenslang,
lebten vom eigenen Feuer,
das aus den Silben drang.

13.8.96

Durs Grünbein

Gedichte –
Drehungen eines Taschenspiegels
In dem sich alle Dinge wiederfinden
Auch die Gedanken, die Gesten,
Die Schocks – reine Anschauung
Ins Kleine abschweifend, ins Große –

Das Portrait eines
Antoninischen Mädchens ebenso
Wie das Erschrecken
Vor einem alten Röntgenbild
Oder der leere Blick
In die Zukunft –

Gedichte sind Fragmente
Eines zeitlichen Ganzen
Das wir nicht kennen.

Berlin 28/2/96

Franz Xaver Kroetz

Weitere Aussichten.

Ich sehe immer öfter
Schlußlichter wo andere
Bremslichter sehn.
Ich sehe immer öfter Gräber
wo andere Hügel sehn.
Ich sehe immer öfter braun
wo andre grün sehn.
Ich sehe immer öfter gar nichts
wo andere schau mal sagen.
Und ich steh immer öfter schwindlig
wo andre gehen und nicht auf
die Straße schaun.
Aber fürs Zähneputzen
nehme ich mir jetzt viel Zeit.
Ich erweise Resten viel Ehre.
Das ist wohl das untrüglichste Zeichen
daß ich am Abtritt angekommen bin.

V.

»was wahr war wird werden« *Eugen Gomringer*

Lautgedichte

Wilhelm Deinert

Sturzgeburt

Hurli tohu
wa – was?
burli bohu
da – das!
Rumpelpumm,
dreh' dich um:
du bist dran,
stirn-voran
aus der furt
auf die wurt –
rolle vorwärts
in die
geburt! – –
Mit dem urknall
in den ohren:
es spiralt,
strudelt, zischt –
hier erstrahlt,
dort verlischt – –
Dahinein:
mitgeknufft
mitgemischt
mitverpufft –
mitgeboren
ist mit-

verloren – –

Brennt ein Feuer-
werker
sein himmels-,
sein höllen-
spektakel
herab?
Da weint was:
es weint
in die kälten –
da trudelt
ein weltchen –
zuckt ein herzweh
auf seinem
grund;
fliegt ein zuruf
von mund
zu mund,
ein lichtwink
von stern
zu stern..
Wir sind's:
mit Mama und
›O la laa!‹
mit Papa und
›Na na naa!‹

Bist ein fünkchen
im funk,
machst ein stünkchen
im stunk – –
Kleiner fremdling,
woher?
armer hemdling,
wohin?
Kein woher,
kein wohin:
denn ›Ich bin
weil ich bin‹ –
denn du bist,
denn es ist – –

Eugen Gomringer

konstellationen für einen historiker

was wahr war
wird werden

wird was wahr war
werden

wird werden
was wahr war

wird wahr werden
was war

was war
wird wahr werden

was werden wird
war wahr

wahr werden wird
was war

Uwe Tellkamp

(metamorphosis.) BILDERSCHRIFT partitur

– licht/linien. tag

(1) stunden ---------- das ticken zerhackter zeit
auf der erdscheibe uhr: rand –

(2) tage

(3) jahre

segel, flutenttaucht und leib (APHRODITE)
kontur, im blauen, die morgen-
schale ein-schwimmt und
rose/blüht

(fall
der Zeit)
.
.
.
hin/
ab,
zum grund: die sonde

ZEIT/ BAU

SONNE

falter
ei
raupe
puppe
falter

MOND

EROS

her/
auf,
∞, ∞ : der traum
.
.
.
(gewebe
des Raums)

reise, der wandertreiber frage (MUSEN)
entschnitten wie feder: kiel gravure der fahrt
im wasser und weiß (virgin): zu-schrift

(A) punkt

(B) kreis

(C) kugel ---------- geo: metrie

linien webe, Spin(n)del des Blicks, an-ufer
garnen, die raum-haft für schritte,
geo: metrie

– schatten/risse. nacht

(falter: Dichtung. ouverture.)

Michael Lentz

neulich

»hier graben« (ezra pound)

komme auch nicht weiter
als wo die gleise stehn
als wo der tunnel zaghaft
so im vorüberwehn
und übern faltplan jagt
die fliege warm
ins licht da jagt
das panzertier
das rat das irrt
das rat ich dir

und übern zaun
da drüben stehts
da steht die schaukel
sandomir
das atmet schwer
das will nochmal
so flüchtig sein
so ganz so um
so ganz umsonst
mit den winden
»den weiden in eden«

zu spät ist
keine zeit
als hier und
über all
auf dieser schönen schucke
sich schnell nochmal
sich zu verneigen

dann machste dir ne liste
mit was einfällt und noch standhält
denn das biste:

ein lachsack tränenreich
ein blech so butterweich
eine bunte lampe
und auch mal bitterpampe
ein püppchen kopflos schön
zum immer anzusehn
ein mobile mit firlefanz
gehörte dir gehört dir ganz
ein zubehör ein nadelöhr
ein passepartout zur steten ruh
ein gängelband
und andrer tand

hier spinnt das garn
thesaurus spant das sprechen:
sigel signum zeigeruhr
*sign*orina signatur

was gehört und
was zu wem
ein neuerlich
ein scheuermilch
und die reise geht
wohin
ach bitteschön und leise
»veränderlich und unabänderbar«

gleich hebst du ab
zapzapzerap
»ein tännlein grünet wo«
wer weiß auch du
mal so mal heiter
undwoweiter undsoweiter

Oskar Pastior

mademoiselle
(Villanella)

raps – oh die katz in gelb hüpft sack-
leinwand vor einer bluebox wie es schien
ins paradies – und das mein einwand

passierte in dem sieb und an dem tag
als mäusele zur made ging – nun ja die
rhapsodie »katz in gelb« hüpft sack –

und ganz im sinn von hack & widerhack
geraten neben einer menge terpentin
ins fahrrad dies & das – mein einwand-

frei vanille angeschwollener portulak
verfiel dem türkenbund vor wien im
raps – oh die katz in gelb hüpft sack

& pack & eigensinn pastös im zickzack
durch sein gespeichertes ultramarin
ins paradies – und daß mein einwand

aber mittendrin an der pistazie lag
war ganz & ginster anemonmondän wie
raps – oh die katz in gelb hüpft sack
ins paradies – und das mein einwand

Matthias Koeppel

Vüagckra

Vespiau – di Vespiautzzen
pfleigen nücht norr romm, si sautzzen
süch opp Pfläumenkauchchen-Stöckken
vo würr si mütt ronturschlöckcken;
ont si stöchchn nn di Zongke
ont dönn dauhurt'z gurrnücht longke
büßß di Zongke schwöllt ont schwüllt,
wosz ulz sööhr gefuhrlüch güllt.
Archch! – ühr pbleuden Vespiautzzen
kräucht duch ünn di Onturhauszen
stöchcht durt on di rächt'ge Stölle –
diss schparrt di Vüagckra-Pölle!

VI.

»Was machst du mit einem Schutzengel« *Franz Hodjak*

Heilige Gedichte

Franz Hodjak

Morgengedicht

Was machst du
mit einem Schutzengel, der
morgens, während du gemütlich
Kaffee trinkst und
die Welt ordnest, die du

gestern etwas
durcheinander brachtest, aus
dem Himmel stürzt und auf den Balkon
klatscht und tot liegen
bleibt. Zuerst denkst du,

Gottseidank, er hat mich
nicht erschlagen. Und dann?

Walle Sayer

Panoptikum

Ich glaube, was ich sehe,
und ich sehe, daß ich glaube:
daß der frühre Beichtstuhl vor mir steht,

im Hinterhof, da hier, beim Hühnergehege,
unterm Vordachschatten, die Bretterwand zierend,
seit dem Abriß der alten Kirche, damals, sagt Karl,

weil niemand ihn brauchen wollte, gerettet
vom längstgestorbnen Vater, mit paar eingelegten
Zwischenböden, umgemodelt dann halt zum Hasenstall,

und so nun also sitzt am Sprechgitter
dieser stumme Rammler, daß ich mir vorkomm
wie ein Zuspätberufener, vor solchem Gnadenerweis,

und keinen Oberministranten im Rücken,
schwenkt im Garten der Nebel ein Rauchfaß,
salzsäulenstarr verharren die herbstlichen Bäume.

Ulla Hahn

Der Himmel der Tiere

Hier sind sie. Die weichen Augen offen.
Lebten sie in einem Wald
ist es der Wald.
Lebten sie in der Prärie
wogt das Gras unter ihren Füßen für immer

Für manche von ihnen
wäre das nicht der Platz
der er ist – ohne Blut.
Diese jagen wie sie es immer taten
aber mit Klauen und Zähnen

die jetzt perfekt sind. Tödlicher
als sie es je für möglich hielten
Stiller und stärker schleichen sie
in den Gipfel des Baumes
und ihr Absprung

auf die lockenden Rücken der Opfer
dauert Jahre,
ein Strom äußerster Freude
Und die Gejagten
nehmen das als ihr Leben an

vollenden sich selbst ohne Schmerzen.
Sie zittern sie gehen
unter den Baum in der Mitte des Kreises
sie fallen sie werden zerrissen
sie stehen auf und sie gehen erneut.

Rainer Malkowski

Der Forscher Fabre

Etwas von der Ruhe
Fabres,
dem der Nachmittag verging
über der Beobachtung
einer Sandwespe.

Auch Fabre wußte nicht,
was das ist: die Zeit.
Aber er ertrug es vielleicht
besser,
weil er so wenig
für sich selber brauchte.

Ein sehr beschäftigter alter Mann
auf einem Stück Provenceerde.
Was die Mühe lohnt,
konnte er
mit bloßem Auge erkennen.

Walter Helmut Fritz

Auch der Glaube

die Sonne werde bei ihrem Lauf
gleich einer Dungkugel

von Osten nach Westen
über das Firmament gerollt

auch die dunkle Granitstatue
eines Skarabäus mit seinem Schild-Kopf

sind Hinterlassenschaften
der Bildnot, der wir treu sind

die sich als Kinderfrage erhält
und täglich erneuert.

Dorothee Sölle

Ihre haut war weiß
ihr gesicht voller falten
im wasser stehend plaudert sie daher
plötzlich beginnt sie zu springen
wie sie als kind gesprungen sein muß
und vergißt das schwätzen
und den badeanzug und das alter
und springt und springt
fröhlich
als habe gott sie nicht für das land
geschaffen
nicht nur für die erde
nicht nur für sich

im blankeneser schwimmbad
an einem gewöhnlichen dienstag

Karl A. Kühne

Gestohlen

Ich habe heimlich einen Kuss gestohlen,
in einer alten Kirche,
dem heiligen Simplicius geweiht,
Skandal!
Das Siebte sagt:
– Du sollst nicht stehlen –
Schuldig ist Simplicius,
er hätte es verhindern sollen.
Ein grosser Name
und dazu noch heilig.
Und nachher sagt mir Màgia:
– Ich schenk ihn dir –
Doch allzugerne gäbe ich
den Kuss zurück.

Michael Krüger

Wind

Eine einfache, allgemeine Antwort,
die das Sandkorn wie die Sterne, den Gott
wie den Wurm umfaßt. Ein Werkzeug, eine Zange:
nur in der Welt sind die Instrumente zu finden,
an denen die Welt sich messen läßt. Ich stehe
am Fenster. Unten kläfft ein Hund einen Hund an,
überzieht ihn mit gurgelnden Lauten. Die Frau,
die ihn hält, studiert murmelnd die Preise
in der Auslage des Juweliers. Ich sehe
ihre sich bewegenden Lippen im Spiegel des Fensters:
ein Gebet soll ihr helfen. Lieber Gott...
Man versuche, sich einen Gott vorzustellen
mit unendlicher Begabung. Der andere Hund
läßt sich zitternd beschimpfen. Warum läuft er
nicht weg? Er hat eine Erfahrung gemacht
und könnte sich trollen. Gott ist nur ein halber
Mensch, immer die selben identischen Antworten:
Erfahrung ist für ihn ein sinnloser Begriff.
Die Menschen gehen jetzt schneller, als würde
ein Wind ihnen Beine machen, eine unsichtbare Kraft.
Alles schwimmt vorüber, alles bleibt stehen,
schlägt den Kragen hoch gegen beißenden Wind,
der die Sätze mitnimmt und verwandelt
in eine einfache, allgemeine Antwort auf den Verlust.

Henning Ziebritzki

Die Grablegung

Sie wußten nicht, warum sie den Platz gewählt hatten,
die Fahrerkabine, eng und von der Zeit überzogen
mit einem Schmutzfilm, unberührt wie ein Jungfernhäutchen.
Ihre Silhouetten verschmolzen mit den Fördermaschinen,
Echsenskelette im purpurnen Horizont.

Er paßte genau auf die schmierige Sitzbank.
Der dürre Leib klebte am Cellophan mit Dreck,
Bart, Schamhaaren, blutigen Wunden, nackt.
Das Benzin, mit dem sie ihn eingerieben hatten,
glänzte durch die Plastikbahnen.

Ein Einschnitt, winzig, ließ ihn nach Luft schnappen
und die Folie beschlagen, bis die Augen verschwanden.
Wie ausgestellt lag er da in seinem Kunststoffkokon.
Sie sprayten Zahlen und Figuren auf die Hülle,
Namen, die sie grölend intonierten.

Ein Vogel schoß umher, unerwartet wie in einem Spiel.
Im Erdreich klopfte es, als schlüge in der aufgelassenen
Grube ein Verrückter weiter den Takt.
Die Nacht zerriß, ein schwarzer Vorhang. Sie starrten
auf bleiche Gesichter, den letzten Wurf der Würfel.

Sie wußten nicht, was sie tun sollten. Begannen zu frieren
in ihren T-Shirts, von denen schweißnaß Idole grüßten.
Ein Mädchen zog die Brauen nach im geborstenen Glas.
Ein Engel saugte versonnen an einer glühenden Kippe,
die Finger in den rotblaugestreiften Kinderhandschuhen.

Friederike Mayröcker

tempelhüpfen

»..ach, ich weisz es, und es ist mir
egal..«: R. S. Thomas, weil, ich brenne ich flenne
ich flamme ich züngle ich zehre, weil, ich zahne verzehre,
als Flechten die Feuerzungen meinen Rücken hinab wie sie bersten
(Verbum) meine vergilbte Haut und verlumptes Herzareal,
weil, ich lungere schmutze schmeisse mich gegen die Wand,
weil, ich phantasiere wiederhole mir den miszglückten Tod
meiner Mutter vor genau 70 Jahren, weil, ich fluche ich flenne
ich durchdringe mich selbst ich zehre ich zerre mir
Haut und Farbe und Sprache von diesen meinen brüchigen
Knochen, weil, ich sauge das eigene Blut sobald das Messer
absichtlich dieses Messer das Spiel mit dem Messer am
Handgelenk, weil, ich brenne ab diese Haare diese Zunge und
Zähne obwohl: bin ich noch nicht bereit zum Sprung von
der Höhe des Dachgeschoszes, ich flenne ich flamme ich
zünde mich an die Flechte der Flamme mein Rückgrat entlang
wie Dalís in Flammen stehende Giraffe nicht wahr, weil,
ich schreie ich tobe ich stampfe mich selbst bis an
die Knöchel in die aufgeweichte Erde des verkommenen
Rasenstücks neben der Fahrbahn..   *wo Andalusien?*, würde
ich diesen HIMMEL ertragen, – nein. Lieber verkrusteten
Auswurf auf dem Asphalt lieber wälzen im tiefsinnigen
Ekel im Unflat (der Emotion), ich meine Hagiographie eines
von verdreckten *Gassenkindern* mit Kreide gekritzelten Tempels
im Proletenpark: HIMMEL / HÖLLE.. ich glaube die Himmelsleiter

hatte 6 Sprossen und oben fing der Engel die behutsam geworfenen Steine auf, oder was.

11. 12. 2000

Ilma Rakusa

Limbo

1. region on the border of Hell
2. Hell, Hades
3. prison, durance
4. border, edge
5. zombie-like condition

Gefällt
und unten bricht der Boden weg
so weg
von wegen unten: wo
singt das Vogelpack
im Herzton
late fall
das Blättergelb der Kehraus
später Hoffnung
froh zu sein bedarf es
viel
die Kinder spielen
auch nicht mehr im Feld
nur Hunde drehen
eine schnelle Runde
und
Kastanienrauch
das Rehkitz frisch serviert
(Wildfestival) ein Schmaus

die Köche haben lange Ohren
dann zu dünn besohlt
nach Haus
im Regen

ruft wer?
die Silhouette Syriens
gebannt in meinem Kopf
mit Wüsten Flüssen
kahlen Bergen
von oben brach
das ganze Land
von wegen oben: Ätherblau
kennt keine Zonen
und wo ich bin
ist einerlei
im Flugstrom (Traumflug)
ungelandet

schwebender Appell:
die Füsse runter
walk through mud
durch Novembertiefen
wie Zirpen
hört sich's an
(einer Gewissensgrille)
während das Gesicht Falten
wirft
art in ruins
und

himmelweit kein Meer
in Sicht nur vertikal
der Schwindel sticht
Vertigo
honiggelb ist Gott
(reluctant gravities)
ich gehe aus und
ein
und finde nicht
den Ort

den Stern wie Tenne
Teppich Taubenschlag
nur Laub im Garten
haufenweis
und pennt ein Stuhl
many things stand in our way
das ist es dann gewesen
ein zwei Himmelsstreiche
und der Abstieg
so indifferent, so unpleasurably
flesh

egress to ingress

lichtet sich die Liebe
in limbo, Mr. Edge?

Alexander Nitzberg

St. Petrus
für Christian Röse

> *»Als aber Cäsar befahl, daß Simon mit dem Haupte nach unten gekreuziget werde, [...] da entstand eine große Verwirrung im Volke und eine große Trübsal in der gesamten Kirche.«* (Petrus-Akten)

Er starb am umgedrehten Kreuz.
Die Kirche braucht ein neu Fels.
Der Hahn kräht dreimal, und ihn reut's:
Ja, ist er denn des Teufels?!

Am umgedrehten Kreuz starb er,
der dreimalgroß Verräter,
bekehrt, verkehrtherum, verquer –
auf Erden Stellvertreter.

Am umgedrehten Kreuz er starb.
Aus *amor* wurde *roma.*
Der Leib verscharrt, der Geist verdarb
mit schwefligem Aroma.

Er starb am Kreuze umgedreht.
Fortan, so seine Worte,
bewacht, wer dreimal Gott verrät,
des Himmels Hinterpforte.

Kiev Stingl

auch das laute, das
+ wie dem hellen das dunkel +
ein stilles ist, schreibt dem
ornament seine linien, ohne die
dasselbe bloße baustelle wäre,
halblandschaft, loch in luft,
antlitz ohne relief, schoß ohne
lust. wer also meint, das gebrüll
der see sei edler denn der schrei
der jugend, der ist ein bastard
im geiste. und kommt es uns
unpassend, so mögen wir daran
denken, daß es eines anderen
gemälde entstiegen ist, das
erst von angesicht zu angesicht
mit dem unseren anschauung verfügbar
macht vom trommelwirbel der zum
schweigen aufgebahrten stimmen.

Nikolaus Dominik

Psalm

Lass den Kuss vorübern –
spende Blut den Auferweckten
mach Honig zu Bienen

Nimm das Kreuz aus den Rippen
mach Gebete zu Worten und
lass ab

Kircht dahin, Gebückte
durchkniet die Zeit
andere werden
den Himmel zulachen

Ferdinand Schmatz

pfingsten

brabbelnd dreht sich
ein, was eins will sein,
am zettel, schrift –
so züngelts halt das an,
was braust, und oben hallt
als mancher töne stoss,
so stimmt es das, was sausend
alle himmel formt, die lautwand hoch
– wo sprache weinend fliesst
besagten brabblern durch
der kehle fell,
getränkt hin bis zum bruch,
gespalten
(nun das buch) –

ja, so walten sie des ganzen,
teil für heil, der stift jedoch,
der hellt im schein
des fackelns nicht so richtig auf
was sinnt –
denn richtig grell
brennt nichts mehr an,
gefeuertes geht aus,
entgeistert schlägt es
mundwärts selbst das tor

– zu kunden – nur noch auf,
und lockt mit glocken
zu feste, das was hellt,
das bildet aber nichts mehr aus,
doch brockt es ein:
was rede ruhe war, wird schal,
im rauch der bilder liegen worte,
brach
(im brauch) –

sirren sie dann los,
was jetzt war freut sich
– unten –
nicht mal an sich selbst,
weil sichs verdreht
und nichts versteht
(was ist, geschrieben steht) –
gesetzt hinüber
bleibt es,
unlesbar und süsst
der reben sinn im dann,
danach (ist wann):
vom eigenen gelöst
durch fremder zunge stock
schlägt es das eine wie das andre auf
– taub –
und legt sich so das ganze
wieder einmal hin und aus
– so dass die glosse lallt

Jürgen Nendza

Vier Himmel, umgeblättert
in St. André-de-Roquepertuis

*

Am Horizont türmt sich das Land
in den Himmel. Eine babylonische Steigung
ins Blau, unter dem unsere Wäsche trocknet.
Flecken aus Dämmerung und Schweiß,
die alten Schmerzen beim Anziehen.

*

Hoch in den Bäumen sägen Zikaden die Luft.
Am Himmel die Passagiere spüren das
Luftloch, in das sie fallen, wenn die Luft sich teilt
und sie wegsacken läßt

und wegsacken läßt
unter die Bäume.

*

Post aus New York: die Gletscher
der Skyline, darauf gleißend das Abbild
eines leeren Himmels. Ganz unten,
aus den Drehtüren, kullern Tränen

von der Karte, verdunsten
beim Betreten der Grüße.

*

Diese rauchweiße Wolke,
die unter den Kondensstreifen zieht,
gefolgt von einem Wölkchen:
eine ins Blau punktierte Note

der Stille, als stünde der Himmel
im Gleichgewicht. Was du nicht siehst:
das umherirrende Schweigen
in den Lüften. Zwei Gräber,

Mutter und Kind.

Fritz Deppert

Bretonische Kalvarie

Maria entblößt die Brüste
und stillt tangverhangene Himmel.
Im Ginster kichert Ankou,
der einheimische Tod.
Ich pflücke Mohn,
werfe Blüten in das Meer;
Flut zieht ihre Krallen
aus den Uferpfählen,
Miesmuscheln gürten sich
mit neuen Ringen.
Hölle vorbei.
Erlösung wird kommen.
Moos kratzt die Botschaft
in die Handflächen.

Richard Dove

Der Riß durch den Buddha

»Mag er, ein Stück im Ganzen, kreisen,
Ich bin gewiß: das Stück ist heil.«
(Loerke, Östliche Plastik)

Erleuchtetes Grün, ein Reisfeld, dahinter ein heiliger Berg.
Die Händlerin überquerte eine der Straßen des Leidens
und fing an zu feilschen: sie brauchte sechs Dollar, bekam nur drei.
Jetzt nenn ich diese Buddha-Statue mein eigen.
Er ist fast so breit wie hoch, den weit vorgewölbten Bauch
bedeckt eine offiziöse Kette. Zwei Zähne stehen vor im Mund,
der ganz und gar unklassizistisch lächelt.
Die Augen sind zu, die Augenbrauen hochgezogen:
die meisten Buddhas sind kühl wie Mondlicht,
doch dieser versengt den Betrachter mit sonnigem Übermaß.
Du findest ihn kitschig, und hast ihn einmal –
die Stärke des Holzes überschätzend – als Hammer verwendet;
es galt, auf die Schnelle ein Mückennetz zu befestigen.
Andere Buddhas haben schlimmeres ausgehalten:
aus Mitleid entschloß sich Mahasattva,
seinen Körper der ausgemergelten Tigerin und ihren fünf Jungen
hinzugeben – er warf sich ihr vor,
doch sie war zu schwach, um sich zu bewegen;
er hatte, barmherzig wie er war, kein Schwert mitgebracht
und schnitt sich darum die Kehle mit einem Stück Bambus durch,
legte sich neben die hungernden Tiere.

Mein Buddha hat bloß einen Riß, von den Füßen hinauf bis zur Brust –
zwar relativ breit, doch das wirkt wie ein punkiges Accessoire.
Ich schäme mich jedes Mal für meine Zerrissenheit.

Ulrike Draesner

herr des dicken haars

dringend (geradezu brennend)
das scharren, das schaufelgeräusch
das krakelnde schurren
der füße am grund,
der vögel karmas am himmel
(»brennend«/wie nerven)

herabgedünt: ich komme vom feld.
so sitzt er da. der herr des dicken haars.
auf meinem bett. *auch leiber werden bestellt.*
aber doch nicht meiner? ich doch nicht! er lutscht
an seinem zopf, er funkelt, er kratzt. halt
mich fest, schrei ich, damit ich nicht fall.

doch diese nacht ist zu lang, erkenntnis
tollt zwischen den rillen im glas auf
dem tisch, er rührt, hält den löffel
(woher, wohin?), *gibst ihn ab,*
sagt er, sagen wir, sagt sein haar
saust in meinem gesicht, krakelt und

schnurrt. dann ist er weg. ich

koche tee. hebe den wassertopf
deckel: AZUR. azurdeckel (als wär

»himmel«) tastet mich aus, fleddert,
überringt. teeblätter kreiseln im glas,
affen in einer chinesischen schlucht,
springen, fliegen, von stein zu stein, pelzige

vögel, mit armen, die schnarren, krakeeln,
bis die felsen sprühn von ihren krkr und tztz und
japsenden schrein. im saum eines ausgedehnten
schleiers hör ich die entfesselte sprache
des inneren radaus. ich halte still.
ich bin azur.

winzig ist, was kommt.
stumm lagert es sich an mich an.
felder, »seelen«, abgewandt, wie alle,
von der modulation. *was er die himmelsvögel nennt.*

Uwe Kolbe

Der Glückliche
für Marcus Hammerschmitt

Vielleicht, doch ich kann es nicht so direkt aufschreiben,
vielleicht aber kann ich es anders auch sagen.
Vielleicht ist es eine Erinnerung, die jetzt als ein Aber
den Tag überschneidet, pflügt, vielleicht ist es doch
so, wie ich erhoffte einmal, vielleicht so, jedoch
noch sitze ich, schweige und freu mich vielleicht
und fürchte, daß es zu einfach wäre, vielleicht ein Aber
zu leicht ausgesprochen, das Hauptwort Hölderlins,
das mehr Heimat war als dieser Planet, vielleicht.

Vielleicht schliefen wir in einem Sumpf, und vielleicht
war alles noch ungetrennt, muttermundwarm,
hier nicht sehr wahrscheinlich, vielleicht auch ein Irrtum,
obwohl ich es sah. Trümmer der Kindheit, vielleicht,
und aufgetaucht wider Erwarten nur durch Berührung.
Mag sein, dieser traute Sumpf ist ein ganzes Leben,
doch glaub ich es nicht, vielleicht schon verdorbener,
flüchtiger Schläfer, der ich geworden bin, vielleicht
erlosch ein Lebenslicht, ein sogenanntes, dabei.

Vielleicht lehnte ich es schon immer ab, zu flüchten
in Technik, und rannte vielleicht vor Begriffen davon,
auf Augen zu, Augen, die aus Romanen nicht blickten,
sich selbst nicht durchschauten, sonst wären sie nicht,

vielleicht wie die Spiegel, Durchgänge also, mag sein.
Doch weiß ich und lege es mir zurecht, nunmehr sicher,
dahinter sind wieder nur Spiegel, gütig erzeugte
Unendlichkeit. So ist, was ich seh, wenn ich schaue,
ganz sicher nur das, was ich wünsche, vielleicht.

Holzmarkt 13. September 2000

Gerhard Neumann

Auf und davon

Morgendlich sechs:
zu lesen, zu ruhen, zu
baden. Geschirrt. Das Bedenken und

sich in der Sänfte wohl
wiegen lassen.

Es schaukeln
die Tafeln, die Schriften, die

Dialektik, halb aussen vor
sonnenabschirmenden, wehrenden

Vorhängen. Nicht einen Blick verschwendet
an Geometer, die sprengenden

Muskeln. Im Schatten jedoch, geständig,
schürfen die Griffel ohne
Entsatz.

VII.

»Die dünne Blutspur auf dem Laken aus Schnee.« *Axel Kutsch*

Gedichte gegen Gewalt

Karl Krolow

Im Schlaf

Im Schlaf hatte ich plötzlich
»rechts um« gesagt und merkte:
ich träumte deutsch.
Ich hatte doch nichts von Geschichte gehört
und lange nichts mehr
über Dialektik und Hegel. Ich schlief
in der falschen Lage.
Das Bett war einfach zu hart –
da werden Kommandos wahr.
Und die deutsch-deutschen Jahre
suchten mich auf in der Nacht,
Herbst 89 und jetzt dieses
Rechtsum. Tag zuvor noch
die linke Hand verbrannt
aus Versehen. Ich schreckte wohl auf.
Aber wie schläft sichs
weiter danach?

Matthias Politycki

Chanson des zweiten Siegers

Natürlich tut das weh, doch spüren kann
man es Sekunden schon bevor man ihn
kassiert, den Schlag. Natürlich stehen da
fünf weitre noch von denen drum herum
und passen auf, daß man auch ordentlich
was in die Fresse kriegt. Natürlich wischt
mitunter weich und warm ein Lichterkegel
von Wagen drüber hin, die weiterfahrn.
Natürlich knöpfen die Passanten sich
die Lederjacken zu und wechseln schnell
die Straßenseite. Und natürlich auch
vom Eck, wie immer, leuchtet weiterhin
das Schild der Kneipe, wo man bis soeben
ein ganzer Kerl gewesen, mindestens

Natürlich tut das weh, doch spüren kann
man's erst danach. Natürlich ist das Blut,
doch schmecken kann man's erst ein paar Sekunden
zu spät: wenn man sich hochgerappelt hat,
wenn man so tut, als klopfe man verbissen
den gottverdammten Staub aus seiner Hose,
als staune man über den jähen Riß
im Hemd, wenn man so tut, als würde man
über die eigne Wange streichen, als
wär's die des anderen, auch dort, wo's unter

den Fingern fast schon schwillt, und wenn man dann
so tut, als würde man was summen, das
wie »Junge komm bald wieder« klingt, zumindest

Nico Bleutge

schlesische nacht

immer die schneide fest im gesicht und immer
die hand an der gabel hartem griff er schiebt
mit seiner abgebrannten fingerlunte jenen schaft
in die tasche immer weiter geht der mantel dann
dunkel durchs fenster ein und aus er sieht sich vor
und neben den bettpfosten stehen holz denkt er
sich aus den taschen läßt den schluß den roten
zündholzkopf im futter glühen und darunter die haut
fängt feuer schnell und immer mit dem quervermerk
im hellen stoff die schneide im gesicht *das brennt*
wie zunder ja das frißt dir noch den letzten knochen
ab *wir wollen hoffen, daß es stimmt* das stimmt
ja immer noch und außerdem ist es mir eine *lust*
bei toten stets zu leben wie die flammen plötzlich
gehen wollen abgeräumter platz ich hab den schneid
in meiner hosentasche den *marinehimmel* im visier
verschränkt ein leichter strudel der gedanken doch
wen kümmerts ob hier einer haften bleiben will

Ludwig Steinherr

Paläontologisches Museum

All diese Klauen Kiefer
Reißzähne
um Beute zu machen –

All diese Nackenschilde
Stachelpanzer Sprunggelenke
um nicht Beute zu werden –

Jetzt wandert das
gleichgültige Winterlicht
über die Skelette
von Säbelzahntiger
Triceratops
und Pteranodon

das gleichgültige Licht
in dem ich sitze
für ein paar Augenblicke
als rastendes
Tier

Günter Herburger

Faust der Kultur

Kommt und geht,
besaß drei Zehen, deren Krallen tödlich waren,
war menschenhoch, ein Lastensegler,
der Helmkasuar.
Die Weibchen flüchteten nach dem Eierlegen,
die Männchen brüteten, zogen auf,
ihr zartes Mastfleisch wurde gehandelt
gleich acht Ferkeln oder einer Ehefrau.

Hieß Tapete,
was herrührt von Trapezunt, vulgär Trabson,
eine überhaupt nicht mehr türkische Stute,
geboren 1938,
angeschirrt 1945, bevor die Russen kamen,
gebar, bevor sie 1959 starb, noch 13 Fohlen,
zog durch den Winter auf der Flucht
einen Karren, erhielt ein Denkmal in West-Berlin.

Paradiesflügler,
Geschöpfe mit breitem Kamm und Keckerschnäbeln,
ihre endemischen Namen lauteten:
Pandit Nehru, Sukarno, Bandaranaike,
Nkruma, Tito, Gamal Abd el Nasser,
als der Kalte Krieg begann,
beschützt, manchmal, von Blauhelmen,
Schweden, Norwegern und Finnen.

Jahre später
wurden über dem Rio de la Plata
Bäuche aufgeschlitzt,
damit die Opfer besser versanken
nach dem Sturz aus einem Hubschrauber.
Der Volksmund jedoch behauptet,
einen der Henker, nicht angegurtet,
habe es auch erwischt.

Frühmorgens,
nach so viel Morden und Geschrei,
geht sie hinaus,
hat ein Schälchen Wasser und einen Pinsel dabei,
malt auf die Straße am Kai
zwei chinesische Zeichen,
und alle, die kurz stehen bleiben,
deren Blicke sich kreuzen,

die flüchtige Schrift schon wieder erblasst,
wissen Bescheid über den Palimpsest:
Flug des Ikarus,
dort ein Drache
ums Haus des Kaisers
am Schlachtplatz himmlischen Friedens.

Hilde Domin

Der übernächste Krieg

Ich habe keine Arme
Meine Hände sind an meine Schultern geheftet
wie Flügel
vielleicht sollte ich ein Vogel werden
aber ich fliege nicht
vielleicht ein Mensch
ich töte nicht
und ich brauche euch nicht zu umarmen
Ihr Töter
deren Hand den Stein wirft
von Anbeginn
nur die Schleuder hat sich verändert.

Der übernächste Krieg
sagte Einstein
wird wieder mit Pfeil und Bogen geführt
der übernächste Kühlschrank
wird wieder ein Tonkrug
mit Regenwasser sein.

Bis dahin
für die Unangepaßten der Welt
vielleicht noch der Mond
als universales KZ.

Nora Bossong

fallenstellen

unsere jagdzone
ist das sperrgebiet

unsere beute suchen wir
in einschusslöchern
es sind mäuse hasen
patronenhülsen

wir haben uns
einander angenähert
beim fallenstellen
auf der grasnarbe

beim braten des fleisches
berühren sich unsere hände
und in der nacht
sind wir gesättigt

vielleicht werden wir irgendwann
die beute teilen

Axel Kutsch

Klang eines Jagdhorns

Die dünne Blutspur
auf dem Laken aus Schnee.
Aus der Ferne der zerrissene
Klang eines Jagdhorns.
Abends die kreisenden
Gedanken und die Angst
ich könnte mich verhört haben.

Werner Dürrson

Beschwörung

Damals
als ich ein Vogel werden wollte
flug- und gesangshalber meine
verzweifelten Experimente in
Bäumen und auf dem
Dachboden
während am Himmel längst
Flugzeuge sangen
aufklärend
und die Schulkameraden
schwere Modelle bastelten
vorwiegend Bomber

die dann auch kamen

Anton G. Leitner

Sprich nicht von Herbst!

Gebürstetes Holz, in das
Der Wind fährt:
Haarausfall oder fliegende
Blätter, unter Feuer
Genommenes Land.
Es raschelt und durch
Das Rascheln auf-
Gescheucht ziehen Vögel
Ab mit den Wolken im Kot-
Regen. Unvermutete Falle
Für Fußgänger: Dieser
Soeben aufgeworfene
Hügel, Maulwurfshaufen,
Menschen-, die stille
Gegenwart, die Frage nach der
Verkörperung ausgelebter
Triebe. Stellungs-
Wechsel, Gestellungs-
Befehl, jemand
Spricht von Krieg in einem
Fremden Land, das durch den
Äther näher kommt. Wir
Sind dabei und wollen
Nicht mit ins Feld,
Hasen, angezählte Papier-

Tiger, im Unter-
Bewußtsein gestreift. Halt,
Wer stellt den Hinter-
Halt, das gewünschte
Kontingent Watte? Legt an,
Hinter den Ohren
Grüne, Königs-
Blaue Jungs und zielt genau
Auf die Opfer im Schlaf,
Trunkene, schwach-
Brüstige Füllfeder-
Halter, Tinten-
Killer. Selbst verwundbar,
Der Sommer, die strahlende
Illusion, färbt ab, Kobalt-
Blaue Blume, symbolische
Kranzniederlegung: Rot
Stich, Blut-
Orange, Gelb-
Filter. Augen-
Weide: Blinde Kuh, Milch
Brütende Verdampfungs-
Maschine, melkt, rastert schon
Den zitternden Bild-
Hintergrund, auf schwache
Beine gestellt und leibes-
Füllige Muh-
Laute, wieder
Gekäut. (Sagt man zu Oben
Nicht Himmel, nicht Kopf,

Nicht Fuß zu Unten, nicht Erde?)

Die Kugel heißt Sonne,
Sonne, das falsche Synonym
Für Hitze an einem zu kurzen
Tag im Oktober, der schon
Mit der Nacht spielt, mit Schnee-
Gedanken im Kopf – kalte
Erddecke, die die Gebeine
Der Toten verbirgt, die
Sich zersetzenden Stoffreste der
Letzten Sonntagskostüme, Anzüge.
Auch die Feuchtigkeit riecht:
Moder, braun-
Gebrannte Kastanien,
Treffer, Lufttransport abfälliger
Zungen. Dieser dick, zu
Dick gewachsene Speer ist
In die Jahre gekommen, wird Baum
Genannt und steht entblättert
Am Wegrand. Was für ein Kampf-
Werkzeug! Strammer Max, Aus
Reiß er ihn, hol damit
Das Dotter vom Himmel in die
Pfanne! Wurf und Nacht-
Licht durch Katzen-
Augen, geistige Brand-
Stiftung, leicht
Entflammbare Natur: Ein
Abgeriebenes Streich-

Holz, Feuerzeug, eine brennende
Zigarette vielleicht, Zug um Zug
Schwindsüchtiger, aufsteigender
Rauch, Asche zuletzt, Asche, gerade
Noch heiß und dann doch
Schnell erkaltet. Für immer
Ausgeraucht und wahrscheinlich
Bleibt wirklich nicht mehr
Als der zuvor verbrannte
Mund, der eingebildete
Schmerz, Brand-
Blasen, geplatzte Lippen-
Bekenntnisse. Alle Ermittlungen
Eingestellt, auch der Diebstahl der Glut
Wird nicht weiter verfolgt.

P.S. Möglicher Zeuge: der Mann im Mond,
Versteinert, hüllt sich in Schweigen,
Bricht nicht das eiserne
Gesetz.

Günter Grass

Wer kommt?

Novemberschwärze vor verwaschnem Hell:
die letzten Sonnenblumen stehen schwarz Modell.
Seitab verglühen restlich Hagebutten.
Weil oben ohne, nässen Bäume ohne Kutten

gestaffelt und vereinzelt, auch der Nußbaum leer.
Fern übt mit Waffenschein ein einsames Gewehr.
Den häßlich kleinen Unterschied vertuscht der Nebel.
Ach, wüßt ich dem Adventsgebrüll doch einen Knebel.

Wer kommt, ist da, multipliziert?
Im Radio angekündigt, nur wie üblich, ein Orkan,
der seine Wut gewöhnlich unterwegs verliert.
Vor jähem Frost geschützt der blanke Wasserhahn,
verschnürt die Päckchen, fertig zum Versand;
demnächst droht Weihnacht dem Novemberland.

Jean Krier

»We who / were well off until a certain day«
(John Ashbery: Villanelle)

Ansonsten wäre dieser Tag gelungen, als wüßte der Sommer
jetzt endlich, was er eigentlich ist: einer der ganz und gar
für sich und unbewölkt am Strand sitzt. Sogar gegen Morgen
waren die Träume nicht schlecht, von den Toten, den Blutsaugern,
keiner an Bord. Eine Überfahrt ohne Zwischenfall, alles in allem.
Ohne übertrieben raffiniert zu sein, hätte man um die Überreste
aus dem Neolithikum tanzen können, so fröhlich war die Insel,
so froh im Fest und die Lämmer geschmückt. Ein Gastmahl
war angesagt, nahe und uferlos. Zuversichtlich und wie die Möwen
versehen mit schwerem Gerät hockten welche, des Vogelflugs kundig,
auf ihren Felsen, auf kommende Meere blickend: océanide
dans sa troisième année. Und es würde wieder Bäume geben
mit lichtfetten Farben wie Frauen gespreizt, endlich nur reife,
süße Früchte würden fallen. Dankbar hätte man ein Leben
hingenommen, das so leicht sich verflüchtigt – ein wunderbarer
Abschied von etwas, das man nie gewünscht. Ein Tag wie ein Aufschub,
an dem man Kraft genug hätte, sich die Finger,
in denen die Zukunft deutlicher wird, nicht zu verbrennen
und die alten Steine atemlos zu beschwören, von diesem Honigschlecken
den Kindern zu erzählen. So aber ist dieser Tag ein Spektakel
für Süppchenköche und Schmarotzer aller couleur. Schon ist die Rede
von Veränderungen weltweit und neuen Konstruktionen von Wirklichkeit.
Alle Ziele werden weit übertroffen, hüben und drüben Bilder
aufs schärfste verurteilt. Nie wieder würde es nach diesen Schlachtgesängen

Bäume geben mit fettem Laub. Der Sommer weiß jetzt,
was er eigentlich ist: ein alter Mann, der weinend und mit dem Staub
der Endlichkeit auf den Überresten hockt, über die alle hinweggehn,
die Weiterentwicklung des Welthandels im Blick, tout comme ces îliéns
indélicats, die Menhire entwenden und im eigenen Garten aufstellen.

Ile d'Ouessant, 11. September 2001

Albert Ostermaier

defaced

die beiden flatternden
bänder der koransure
vervielfältigen sich im
rückspiegel baumeln
zwischen den augen
der blonden frau ein
zederndufbaum klemmt
in der sonnenblende
neben dem zerfetzten
stadtplan ein silberner
turnschuh auf dem
gaspedal stop and go
über der automatik
eine seven-up die
schusssichere scheibe
durchbrochen für das
wechselgeld zerkratzt
von einer unlesbaren
schrift die skyline ein
ornament im nebel
du sollst dir kein bild
machen der menschen
in den hohlräumen
zwischen trümmern
begraben luftblasen

in den unterirdischen
einkaufsmeilen vor
dem ausglühen der
mobiltelefone dem
letzten i love you
ein paar schritte weiter
entfernt auf dem
anrufbeantworter du
siehst nur die zeilen
der turmstäbe aus dem
schutt gestreckt wie
eine hilfesuchende
hand und die brücke
über dem fluss der
den staub schluckt
bis seine wellen heiser
werden und an das
ufer wie auf eine
schulter schlagen
gut ist es an anderen
sich zu halten denn
keiner trägt das leben
allein

Friedrich Ani

Die achte Posaune

»Heute hat Deutschland Russland den Krieg erklärt –
Nachmittag Schwimmschule«
(Tagebucheintrag von Franz Kafka, 2. August 1914)

Deutschland hat Russland den Krieg erklärt Nachmittag Schwimmschule.
Amerika hat Niemandsland den Krieg erklärt Nachmittag Europaschule.
Europa hat niemand den Krieg erklärt Nachmittag Gotteswehrdienst.
Gott hat Welt den Krieg erklärt Nachmittag Neinneinneinneinnein.
Welt hat Gott den Krieg erklärt Nachmittag Bibelschule.

Deutschland hat Russland den Krieg erklärt Nachmittag Schwimmschule.
Wirklichkeit hat Bartfantom den Krieg erklärt Nachmittag durchladen.
Durchladen zielen Nachmittag treffen Durchladen zielen Nachmittag siegen.
Tod hat Tod den Krieg erklärt Nachmittag Exegetenschule.
Tod hat Tod den Krieg erklärt Nachmittag Auferstehung.

Deutschland hat Russland den Krieg erklärt Nachmittag Schwimmschule.
Wirlinge haben Euchlinge den Krieg erklärt Nachmittag Erdkunde.
Krawatte hat Turban den Krieg erklärt Nachmittag Waschzwang.
Turban hat Waschzwang den Krieg erklärt Nachmittag Schwanzab.
Schwanzab hat Schwanzab den Krieg erklärt Nachmittag Handcreme.

Crème de la Crème hat Abschallah-Abschaum den Krieg erklärt Nachmittag Amen.
Abschallah-Abschaum hat Crème de la Crème den Krieg erklärt Nachmittag Amen.
Mein ist der Herr mein ist der Zorn mein ist die Rache Nachmittag Amen.

Da fielen Hagel und Feuer, die mit Blut vermischt waren, auf das Land.
Da wurde etwas, das einem großen brennenden Berg glich, ins Meer geworfen.

Und da fiel ein großer Stern vom Himmel er loderte wie eine Fackel.
Und er öffnete den Schacht des Abgrunds Da stieg Rauch aus dem Schacht auf.
Und Sonne und Luft wurden verfinstert durch den Rauch aus dem Schacht.
Und ein Drittel der Menschen wurde getötet durch Feuer, Rauch und Schwefel.
Und die übrigen Menschen hörten nicht auf sich niederzuwerfen vor ihren Dämonen.

Vor ihren Dämonen aus Gold, Silber, Erz, Stein und Holz Den Götzen.
Den Götzen die weder sehen noch hören noch gehen können Sie ließen nicht ab.
Sie ließen nicht ab von Mord und Zauberei, von Unzucht und Diebstahl.
Und ein gewaltiger Engel kam aus dem Himmel herab von einer Wolke umhüllt.
Und in der Hand hielt er ein kleines aufgeschlagenes Buch Und eine Stimme sagte:

Nimm das Buch des Engels Und der Engel sagte: Nimm und iss es.
In deinem Magen wird es bitter sein in deinem Mund aber süß wie Honig.
Der siebte Engel blies seine Posaune Und laute Stimmen ertönten im Himmel:
Nun gehört die Herrschaft über die Welt unserem Herrn und seinem Gesalbten.
Und die Völker gerieten in Zorn Da kam dein Zorn und die Zeit alle zu verderben.

Alle zu verderben die die Erde verderben uns zu verderben uns Menschen.
Und der achte Engel blies seine Posaune Der von Michael gestürzte Engel.
Der von Michael gestürzte Engel blies seine Posaune und rief um Vergebung.
Und rief um Vergebung ungehört und blies ungehört die Posaune für uns Menschen.
Unsere Schatten haben uns den Krieg erklärt Nachmittag weinen.

Johano Strasser

Happy End
für Juschi

Solch ein Friede
Solch ein alles zermalmender
Uns bis ins Mark durchdringender Friede

Solch ein Krieg
Solch ein fröhlicher menschengerechter
Alle versöhnender Friedenskrieg

Wer hat ihn erklärt
Den Frieden den Krieg?
Wohin wir uns wenden wohin wir blicken
Taten nur und keine Täter

Solch eine Zeit
Solch eine gewaltig von allen Seiten
Gegen uns anrennende Zeit

Solch eine Not
Solch ein trotz allem immer noch
Ungebrochener Siegeswille

Solch ein heiteres Fest

Abspann. Autorinnen, Autoren. Quellen

Andreas Altmann, geboren 1963 in Hainichen (Sachsen), lebt in Berlin. Mehrere Auszeichnungen, u.a. *Christine-Lavant-Lyrikpreis* (1997). Drei Gedichtbände, zuletzt: »die verlegung des zimmers«, Kowalke Verlag über Verlag DIE SCHEUNE, Dresden 2001. 23: »du sagtest, alles« (aus DAS GEDICHT Nr. 6, Weßling 1998, S. 32, redigierte Fassung); 33: »weiter ab« (aus DAS GEDICHT Nr. 4, Weßling 1996, S. 35), © beim Autor.

Friedrich Ani, geboren 1959 in Kochel, lebt in München. Schriftsteller und Drehbuchautor (u.a. »Tatort«, »Ein Fall für zwei«). Auszeichnungen u.a. *Deutscher Krimipreis* (2002). Zahlreiche Einzeltitel. Aktueller Gedichtband: »Tür zum Meer«, Hermann-Josef Emons Verlag, Köln 1999. 168: »Die achte Posaune« (aus DAS GEDICHT Nr. 10, Weßling 2002, S. 56f.), © beim Autor.

Jürgen Becker, geboren 1932 in Köln, lebt dort. Langjähriger Leiter der Hörspielredaktion im Deutschlandfunk. Zahlreiche Auszeichnungen u.a. *Peter-Huchel-Preis* (1994). Etliche Einzeltitel, u.a. »Die Gedichte«, Suhrkamp Verlag, Frankfurt a.M. 1996. 31: »Was es ist« (aus DAS GEDICHT Nr. 3, Weßling 1995, S. 70f.), © beim Autor.

Ulrich Johannes Beil, geboren 1957 in München, lebt in São Paulo (Brasilien). Studium der Germanistik, Philosophie, Theologie und Politologie. Promotion (Dr. phil.). Seit Frühjahr 2000 Professor Visitante an der Universidade de São Paulo. Mehrere Gedichtbände, zuletzt: »Aufgelassene Archive«, DuMont Buchverlag, Köln 1998. 44: »Tropisches Parlament« (aus DAS GEDICHT Nr. 10, Weßling 2002, S. 52f.), © beim Autor.

Horst Bingel, geboren 1933 in Korbach, lebt in Frankfurt a. M. Buchhändlerausbildung, Studium der Malerei und Bildhauerei. Auszeichnungen u.a. *Wilhelm-Leuschner-Medaille* (1984). Mehrere Gedichtbände, u.a. »Lied für Zement«, Suhrkamp Verlag, Frankfurt a.M. 1975. 40: »Felsenmeer« (aus DAS GEDICHT Nr. 4, Weßling 1996, S. 17), © beim Autor.

Nico Bleutge, geboren 1972 in München, lebt in Tübingen. Studium der Neueren Deutschen Literatur, Allgemeinen Rhetorik und Philosophie. Derzeit Promotion. Redakteur in Tübingen. Auszeichnung: Gewinner des *open mike* der literaturWERKstatt Berlin (2001). Veröffentlichungen in Anthologien. 151: »schlesische nacht« (aus DAS GEDICHT Nr. 10, Weßling 2002, S. 84), © beim Autor.

Thomas Böhme, geboren 1955 in Leipzig, lebt dort. Diverse Literaturpreise und Stipendien, zuletzt: *Erstes Leipziger Literaturstipendium* (1996). Aktueller Einzeltitel: »Dämmerung mit Dingen. Erzählung«, Galrev, Berlin 2001. 91: »grave« (aus DAS GEDICHT Nr. 4, Weßling 1996, S. 34), © beim Autor.

Bastian Böttcher, geboren 1974 in Bremen, lebt in Berlin. Rapper und Slammer. Mehrfache Auszeichnungen bei internationalen Poetry Slams, u. a. Sieger des *3. International Poetry Slam* in Amsterdam (1997). Lyrische Veröffentlichung: »Poesiealbum: Rap-Poetry-CD«, 1996. 70: »Diesige Tage« (aus DAS GEDICHT Nr. 6, Weßling 1998, S. 46 f.), © beim Autor.

Nora Bossong, geboren 1982 in Bremen, lebt in Leipzig. *Bremer Autoren-Stipendium* (2001). 156: »fallenstellen« (aus DAS GEDICHT Nr. 10, Weßling 2002, S. 89), © bei der Autorin.

Volker Braun, geboren 1939 in Dresden, lebt in Berlin. Studium der Philosophie. Auszeichnungen u. a. *Schiller-Gedächtnispreis des Landes Baden-Württemberg* (1992). Etliche Gedichtbände, u. a. »Lustgarten. Preussen«, Suhrkamp Verlag, Frankfurt a. M. 1996. 48: »Das Magma in der Brust des Tuareg« (aus DAS GEDICHT Nr. 5, Weßling 1997, S. 17), © alle Rechte bei und vorbehalten durch Suhrkamp Verlag, Frankfurt a. M.

Hans Georg Bulla, geboren 1949 in Dülmen (Westfalen), lebt in Wedemark. Tätigkeit im Kultur- und Bildungsbereich, Lehraufträge an den Universitäten Turin und Hildesheim. Verschiedene Literaturpreise, u. a. *Annette-von-Droste-Hülshoff-Preis* (1985), *Morawietz-Preis* (1996). Zahlreiche Einzelpublikationen, zuletzt »Stürzen«, Verlag Eric van der Wal, Bergen (Holland) 2000. 22: »Aus Höhlen« (aus DAS GEDICHT Nr. 3, Weßling 1995, S. 85), © beim Autor.

Jürgen Bulla, geboren 1975 in München, lebt dort. Studium der Anglistik und Germanistik. 2001/2002 Arbeit als Deutschlehrer in Großbritannien. Aktueller Gedichtband: »Glas«, Black Ink Verlag, Scheuring 1999. 80: »Liebesbriefe« (aus DAS GEDICHT Nr. 8, Weßling 2000, S. 102), © beim Autor.

Heinz Czechowski, geboren 1935 in Dresden, lebt in Schöppingen. Mehrere Einzeltitel, u. a. »Nachtspur. Gedichte und Prosa«, Ammann Verlag, Zürich 1993. 57: »Hinter der Stadt« (aus DAS GEDICHT Nr. 4, Weßling 1996, S. 20), © beim Autor.

Wilhelm Deinert, geboren 1933 in Oldenburg, lebt in München. Studium der klassischen Philologie, Germanistik und Kunstgeschichte. Auszeichnungen u. a. *Stipendium der Casa Baldi* in Olevano Romano (1991). Mehrere lyrische Einzeltitel, u. a.: »Das Silser Brunnenbuch. Ein Engadiner Glasperlenspiel und lyrischer Umgang«, Desertina Verlag, Chur 1998. 104: »Sturzgeburt« (aus DAS GEDICHT Nr. 1, Weßling 1993, S. 27 f.), revidierte Fassung (Anfangskapitel) aus »Sandelholz und Petersilie. Eine Umkehr«, Haag + Herchen Verlag, Frankfurt a. M. 2002, © beim Autor.

Fritz Deppert, geboren 1932 in Darmstadt, lebt dort. Studium der Germanistik und Philosophie. Promotion (Dr. phil.). Dozentur für Kreatives Schreiben an der TU Darmstadt, Lektor beim *Literarischen März*. Mehrere Gedichtbände, u.a. »Gezählte Tage«, Atelier Verlag, Andernach 1998. 138: »Bretonische Kalvarie« (aus DAS GEDICHT Nr. 9, Weßling 2001, S. 26), © beim Autor.

Hugo Dittberner, geboren 1944 in Gieboldehausen, lebt in Echte (Niedersachsen). Studium der Germanistik, Philosophie, Geschichte. Literaturpreise u.a.: *Berliner Literaturpreis* (1994). Mehrere Gedichtbände, u.a.: »Wasser Elegien«, zu Klampen Verlag, Lüneburg 1997. 53: »Die Leinwand« (aus DAS GEDICHT Nr. 3, Weßling 1995, S. 84), © beim Autor.

Hilde Domin, geboren 1909 in Köln, lebt in Heidelberg. Studium der Philosophie, Jura und politischen Wissenschaften. Zahlreiche literarische Auszeichnungen, u.a. *Rilke-* und *Nelly-Sachs-Preis, Literaturpreis der Konrad-Adenauer-Stiftung. Großes Bundesverdienstkreuz.* Prosa- und Lyrikbände, u.a. »Gesammelte Gedichte«, S. Fischer Verlag, Frankfurt a.M. 1987. 155: »Der übernächste Krieg« (aus DAS GEDICHT Nr. 1, Weßling 1993, S. 7), revidierte Fassung aus »Ich will dich. Gedichte«, S. Fischer Verlag, Frankfurt a.M. 1995, Abdruck mit freundlicher Genehmigung der S. Fischer Verlag GmbH, Frankfurt a.M.

Nikolaus Dominik, geboren 1951 in Amberg (Oberpfalz), lebt in München. Studium der Linguistik, Germanistik und Politologie. Redakteur. Mehrere Gedichtbände, u.a. »Dominik's Virginale Schächtungen. Lyrismen«, Dyade-Exil-Verlag, München 1996. Homepage: www.lyrismen.de. 133: »Psalm« (aus DAS GEDICHT Nr. 9, Weßling 2001, S. 51), © beim Autor.

Richard Dove, geboren 1954 in Bath (England), lebt in München. Studium der Germanistik und Romanistik in Oxford. Promotion über August von Platen. Tätigkeit als Literaturkritiker, Herausgeber und Übersetzer. Aktueller Gedichtband: »Farbfleck auf einem Mondrian-Bild«, Edition Thaleia, St. Ingbert 2002. 139: »Der Riß durch den Buddha« (aus DAS GEDICHT Nr. 9, Weßling 2001, S. 56), © beim Autor.

Ulrike Draesner, geboren 1962 in München, lebt in Berlin. Studium der Germanistik, Anglistik und Philosophie. Promotion (Dr. phil.). Mehrere Auszeichnungen, u.a. *Förderpreis zum Friedrich-Hölderlin-Preis* der Stadt Homburg (2001). Jüngster Gedichtband: »für die nacht geheuerte zellen«, Luchterhand Literaturverlag, München 2001. 141: »herr des dicken haars« (aus DAS GEDICHT Nr. 9, Weßling 2001, S. 73), hier nach oben genanntem Gedichtband, © 2001 by Luchterhand Literaturverlag, München.

Werner Dürrson, geboren 1932 in Schwenningen/Neckar, lebt in Neufra/Donau und Paris. Studium der Musik und Literaturwissenschaft, Promotion (Dr. phil.).

Literaturpreise u. a. *Eichendorff-Preis* (2001). Jüngster Gedichtband: »Pariser Spitzen«, demand verlag, Waldburg 2001. 158: »Beschwörung« (aus DAS GEDICHT Nr. 10, Weßling 2002, S. 19), © beim Autor.

Hans Eichhorn, geboren 1956 in Vöcklabruck (Oberösterreich), lebt in Attersee (Oberösterreich). Berufsfischer. Auszeichnungen u. a.: *Lyrikstipendium der Stiftung Niedersachsen* (1994). Gedichtband: »Petruskomplex«, Residenz Verlag, Salzburg 1998. 56: »An den Drehtüren« (aus DAS GEDICHT Nr. 5, Weßling 1997, S. 37), © beim Autor.

Adolf Endler, geboren 1930 in Düsseldorf, lebt in Berlin. Zahlreiche Auszeichnungen, zuletzt: *Bremer Literaturpreis* (1999). Jüngster Einzelband: »Der Pudding der Apokalypse. Gedichte 1963–1998«, Suhrkamp Verlag, Frankfurt a. M. 1999. 92: »Resumé« (aus DAS GEDICHT Nr. 5, Weßling 1997, S. 11), © alle Rechte bei und vorbehalten durch Suhrkamp Verlag, Frankfurt a. M.

Gerhard Falkner, geboren 1951. Zahlreiche Stipendien und Auszeichnungen, u. a. *Bayerischer Förderpreis*. Zuletzt erschienen: »X-te Person Einzahl«, Suhrkamp Verlag, Frankfurt a. M. 1996, »Endogene Gedichte. Grundbuch«, DuMont Buchverlag, Köln 2001. 96: »Karierter Honig« (aus DAS GEDICHT Nr. 6, Weßling 1998, S. 19), © beim Autor.

Franzobel (Pseudonym für Stefan Griebl), geboren 1967 in Vöcklabruck (Oberösterreich), lebt in Wien. Für seine Lyrik und Prosa mehrfach ausgezeichnet, u. a. mit dem *Ingeborg-Bachmann-Preis* (1995). Jüngster Gedichtband: »Mit ana aondas schwoazn Tintn: Dialektgedichte & Zeichnungen«, Bibliothek der Provinz, Weitra 1999. 60: »Minne« (aus DAS GEDICHT Nr. 5, Weßling 1997, S. 45), © beim Autor.

Walter Helmut Fritz, geboren 1929 in Karlsruhe, lebt dort. Zahlreiche Auszeichnungen, u. a. *Georg-Trakl-Preis* (1992). Aktueller Gedichtband: »Zugelassen im Leben«, Hoffmann und Campe, Hamburg 1999. 120: »Auch der Glaube« (aus DAS GEDICHT Nr. 9, Weßling 2001, S. 19), © beim Autor.

Robert Gernhardt, geboren 1937 in Reval (Estland), lebt als Maler, Karikaturist und Schriftsteller in Frankfurt a. M. Mitbegründer der »Neuen Frankfurter Schule« und des Satiremagazins »Titanic«. Etliche Auszeichnungen, u. a. *Bertolt-Brecht-Preis* der Stadt Augsburg (1998) und *Schubart-Preis* der Stadt Aalen (2001). Zahlreiche Lyrikbände, u. a. »Berliner Zehner: Hauptstadtgedichte«, Haffmans Verlag, Zürich 2001 und »Lichte Gedichte«, S. Fischer Taschenbuch Verlag, Frankfurt a. M. 2002. 61: »Mann am Nebentisch« (aus DAS GEDICHT Nr. 8, Weßling 2000, S. 31 f.), Abdruck mit freundlicher Genehmigung der S. Fischer Verlag GmbH, Frankfurt a. M.

Eugen Gomringer, geboren 1925 in Cachuela Esperanza (Bolivien), lebt in Rehau. Studium der Nationalökonomie und Kunstgeschichte. Professur für Ästhetik in Düsseldorf und Zwickau. Mitglied der Akademie der Künste in Berlin. Zahlreiche Publikationen, u. a. »visuelle poesie«, Philipp Reclam jun. Verlag, Stuttgart 1996. 107: »konstellationen für einen historiker« (aus DAS GEDICHT Nr. 2, Weßling 1994, S. 12), © beim Autor.

Dieter M. Gräf, geboren 1960 in Ludwigshafen, lebt in Köln. Für seine Lyrik mehrfach ausgezeichnet, u. a. mit dem *Leonce-und-Lena-Preis* der Stadt Darmstadt (1997). Jüngster Einzeltitel: »Westrand«, Suhrkamp Verlag, Frankfurt a. M. 2002. 79: »Duschen« (aus DAS GEDICHT Nr. 8, Weßling 2000, S. 75), © beim Autor.

Günter Grass, geboren 1927 in Danzig, lebt in Lübeck. Studium an der Düsseldorfer Kunstakademie und der Berliner Hochschule für Künste. Dr. hc. mult. (u. a. Universität Harvard). Zahlreiche Auszeichnungen, u. a. *Nobelpreis für Literatur* (1999). Etliche Romane, Essays und Lyrikbände. Zuletzt: »Im Krebsgang«, Steidl Verlag, Göttingen 2002. 163: »Wer kommt?« (aus DAS GEDICHT Nr. 10, Weßling 2002, S. 14), © 2001 by Steidl Verlag, Göttingen (aus Günter Grass: »Novemberland. 13 Sonette«, Neuausgabe September 2001, Steidl Verlag).

Durs Grünbein, geboren 1962 in Dresden, lebt in Berlin. Etliche Auszeichnungen, u. a. *Georg-Büchner-Preis* (1995). Mehrere Einzeltitel, u. a. »Nach den Satiren«, Suhrkamp Verlag, Frankfurt a. M. 1999 und »Das erste Jahr. Berliner Aufzeichnungen«, Suhrkamp Verlag, Frankfurt a. M. 2002. 101: »Gedichte« (aus DAS GEDICHT Nr. 4, Weßling 1996, S. 75), revidierte Fassung, © beim Autor.

Ulla Hahn, geboren 1946 in Brachthausen (Sauerland), lebt in Hamburg. Studium der Literaturwissenschaft, Geschichte und Soziologie. Promotion (Dr. phil.). Etliche Auszeichnungen, u. a. *Friedrich-Hölderlin-Preis* (1985). Zahlreiche Gedichtbände und zuletzt: »Das verborgene Wort. Roman«, Deutsche Verlags-Anstalt, München 2001. 117: »Der Himmel der Tiere« (aus DAS GEDICHT Nr. 9, Weßling 2001, S. 44), © bei der Autorin.

Georges Hausemer, geboren 1957 in Differdingen (Luxemburg), lebt in Esch/Alzette (L.). Übersetzer und Zeichner. Gedichtband »Steine wissen viel«, Verlag Eric van der Wal, Bergen (Holland) 1984. 27: »Blinder Traum« (aus DAS GEDICHT Nr. 4, Weßling 1996, S. 55 f.), © beim Autor.

Gert Heidenreich, geboren 1944 in Eberswalde, lebt in Seefeld-Hechendorf. Studium. Mehrere Auszeichnungen, u. a. *Marieluise-Fleißer-Preis* (1998). Präsident des PEN-Zentrums Deutschland 1991–95. Aktueller Gedichtband: »Im Augenlicht«, DVA – Deutsche Verlags-Anstalt, München 2002. 46: »Istanbul. Beyoglu.

November« (aus DAS GEDICHT Nr. 4, Weßling 1996, S. 26), © zum Zeitpunkt der Abdruckgenehmigung beim Autor.

Kerstin Hensel, geboren 1961 in Chemnitz, lebt in Berlin. Studium am Institut für Literatur, Leipzig. Mitarbeiterin der Leipziger Theater. Lehraufträge an der Hochschule für Schauspielkunst und am Institut für Literatur. Etliche Auszeichnungen, u.a. *Leonce-und-Lena-Preis* (1991). Aktueller lyrischer Einzeltitel: »Bahnhof verstehen. Gedichte 1995–2000«, Luchterhand Literaturverlag, München 2001. 78: »Vom Zeh hoch übers Sonnenknie« (aus DAS GEDICHT Nr. 8, Weßling 2000, S. 79), © bei der Autorin.

Günter Herburger, geboren 1932 in Isny (Allgäu), lebt in München. Studierte Theaterwissenschaften, Literatur, Philosophie und Sanskrit. Zahlreiche literarische Auszeichnungen, u.a. *Peter-Huchel-Preis* (1991), *Villa-Aurora-Stipendium*, Los Angeles (2000). Jüngste Publikation: »Eine fliegende Festung. Gedichte«, A1 Verlag, München 2002. 153: »Faust der Kultur« (aus DAS GEDICHT Nr. 10, Weßling 2002, S. 20f.), hier nach oben genanntem Gedichtband, © 2002 by A1 Verlag GmbH, München.

Franz Hodjak, geboren 1944 in Hermannstadt (Rumänien), lebt in Usingen. Studium der Germanistik und Rumänistik. Verschiedene Literaturpreise, u.a. *Nikolaus-Lenau-Preis* (1996). Mehrere Lyrikbände, u.a. »Ankunft Konjunktiv«, Suhrkamp Verlag, Frankfurt a.M. 1997. 115: »Morgengedicht« (aus DAS GEDICHT Nr. 9, Weßling 2001, S. 40), © beim Autor.

Steffen Jacobs, geboren 1968 in Düsseldorf, lebt in Berlin. Lyrik, Literatur- und Filmkritik. Diverse Auszeichnungen, u.a. *Kunstpreis Berlin, Förderungspreis Literatur* (1998). Veröffentlichte als »Lyrik-Doktor« Jakob Stephan »Lyrische Visite oder Das nächste Gedicht, bitte!«, Haffmans Verlag, Zürich 2000. Zwei Lyrikbände, u.a. »Geschulte Monade«, S. Fischer Taschenbuch Verlag, Frankfurt a.M. 1997. 64: »Angebot freundlicher Übernahme« (aus DAS GEDICHT Nr. 8, Weßling 2000, S. 94f.), © beim Autor.

Ernst Jandl, geboren 1925 in Wien, 2000 dort gestorben. Studium der Germanistik und Anglistik. Autor von konkreter Poesie, Sprechgedichten und Hörspielen. Mitbegründer der »Wiener Gruppe«. Zahlreiche Literaturpreise, u.a. *Georg-Büchner-Preis* (1984). Zahlreiche Buchveröffentlichungen, u.a. »lechts und rinks«, Luchterhand Literaturverlag, München 1995. 18: »vorwort« (aus DAS GEDICHT Nr. 3, Weßling 1995, S. 10f.), © 1985 by Luchterhand Literaturverlag, München (Ernst Jandl, »Sprechblasen« aus »Gesammelte Werke«).

Wulf Kirsten, geboren 1934 in Klipphausen (Kr. Meißen), lebt in Weimar. Sekretär der Dt. Schillerstiftung Weimar. Auszeichnungen u.a. *Elisabeth-Langgässer-Literaturpreis* (1994). Mehrere Gedichtbände, u.a. »Stimmenschotter«,

Ammann Verlag, Zürich 1993. 38: »wetterwinkel« (aus DAS GEDICHT Nr. 4, Weßling 1996, S. 19), hier in überarbeiteter Fassung aus Wulf Kirsten: »Wettersturz«, © 1999 by Ammann Verlag & Co. Zürich.

Barbara Maria Kloos, geboren 1958 in Darmstadt, lebt in Köln. Studium der Germanistik und Theaterwissenschaft. Literaturpreise u.a. *Tukan-Preis* der Landeshauptstadt München (1989). Mehrere Einzeltitel, u.a. »Die Tage waren wie Ballons. Gedichte und Kurzprosa«, Schneekluth Verlag, München 1991. 73: »schnacke linie / königsforst« (aus DAS GEDICHT Nr. 8, Weßling 2000, S. 70), © bei der Autorin.

Matthias Koeppel, geboren 1937 in Hamburg, lebt in Berlin. Kunstmaler. Mehrere lyrische Einzeltitel, u.a. »Koeppels Tierleben in Starckdeutsch«, S. Fischer Verlag, Frankfurt a.M. 1991. 113: »Vüagckra« (aus DAS GEDICHT Nr. 7, Weßling 1999, S. 29), © beim Autor.

Uwe Kolbe, geboren 1957 in Berlin, lebt in Tübingen. Mehrere literarische Auszeichnungen, u.a. *Hölderlin-Preis* der Stadt Tübingen (1993). Jüngster lyrischer Einzeltitel: »Die Farben des Wassers«, Suhrkamp Verlag, Frankfurt a.M. 2001. 143: »Der Glückliche« (aus DAS GEDICHT Nr. 9, Weßling 2001, S. 61), revidierte Fassung nach oben genanntem Gedichtband, © alle Rechte bei und vorbehalten durch Suhrkamp Verlag, Frankfurt a.M.

Jan Koneffke, geboren 1960 in Darmstadt, lebt in Rom. Mehrere Auszeichnungen, u.a. *Leonce-und-Lena-Preis* (1987). Lyrik und Prosa. Aktueller Gedichtband: »Was rauchte ich Schwaden zum Mond«, DuMont Buchverlag, Köln 2001. 66: »Locklied« (aus DAS GEDICHT Nr. 8, Weßling 2000, S. 76), © beim Autor.

Jean Krier, geboren 1949 in Luxemburg, lebt dort. Studium der Germanistik und Anglistik in Freiburg. Zwei Einzeltitel, zuletzt: »Tableaux – Sehstücke. Gedichte«, Gollenstein Verlag, Blieskastel 2002. 164: »Ansonsten wäre dieser Tag gelungen« (aus DAS GEDICHT Nr. 10, Weßling 2002, S. 45), © beim Autor.

Franz Xaver Kroetz, geboren 1946 in München, lebt im Chiemgau. Schauspieler, Dramatiker und Regisseur. Auszeichnungen u.a. *Bertolt-Brecht-Preis* der Stadt Augsburg (1995). Lyrischer Einzeltitel: »Heimat Welt. Gedichte eines Lebendigen«, Rotbuch Verlag, Hamburg 1996. 102: »Weitere Aussichten« (aus DAS GEDICHT Nr. 5, Weßling 1997, S. 24), © beim Autor.

Karl Krolow, geboren 1915 in Hannover, gestorben 1999 in Darmstadt. Studium der Germanistik, Romanistik, Kunstgeschichte und Philosophie. Zahlreiche Auszeichnungen, u.a. *Georg-Büchner-Preis* (1956). Etliche Gedichtbände, zuletzt: »Im Diesseits verschwinden. Gedichte aus dem Nachlaß«, Suhrkamp Verlag, Frankfurt a.M. 2002. 24: »Ich sehe rot« (aus DAS GEDICHT Nr. 1, Weßling 1993, S. 8, hier in revidierter Fassung als »Ich sehe rot I« nach »Gesammelte

Gedichte 4«, Suhrkamp Verlag, Frankfurt a.M. 1997); 148: »Im Schlaf« (aus DAS GEDICHT Nr. 3, Weßling 1995, S. 60); 100: »Wörter kommen zu Wort« (aus DAS GEDICHT Nr. 7, Weßling 1999, S. 14); 90: »Zwitschern« (aus DAS GEDICHT Nr. 4, Weßling 1996, S. 7), © alle Rechte bei und vorbehalten durch Suhrkamp Verlag, Frankfurt a.M.

Michael Krüger, geboren 1943 in Wittgendorf, lebt in München. Leiter des Carl Hanser Verlages und Herausgeber der Literaturzeitschrift »Akzente«. Mehrere Auszeichnungen, u.a. *Peter-Huchel-Preis* (1986). Etliche Gedichtbände, u.a. »Wettervorhersage«, Residenz Verlag, Salzburg 1998. 123: »Wind« (aus DAS GEDICHT Nr. 2, Weßling 1994, S. 29), © beim Autor.

Ute-Christine Krupp, geboren 1962 in Börsborn, lebt in Berlin und Köln. Studium der Philosophie, Psychologie und Soziologie. Auszeichnungen u.a. *Rolf-Dieter-Brinkmann-Stipendium* der Stadt Köln (1994). Gedichtveröffentlichungen u.a. in: »Das verlorene Alphabet«, Verlag Das Wunderhorn, Heidelberg 1998. 54: »die übernächtigte Stimme/eine verkratzte Ouvertüre« (aus DAS GEDICHT Nr. 7, Weßling 1999, S. 49), © bei der Autorin.

Johannes Kühn, geboren 1934 in Bergweiler, lebt in Tholey/Hasborn (Saarland). Zahlreiche Auszeichnungen, u.a. *Hermann-Lenz-Preis* (2000). Etliche Gedichtbände, zuletzt: »Mit den Raben am Tisch«, Carl Hanser Verlag, München 2000. 29: »Mein grauer Kopf« (aus DAS GEDICHT Nr. 7, Weßling 1999, S. 27), © beim Autor.

Karl A. Kühne, geboren 1926 in St. Gallen (Schweiz), lebt in Mailand. Übertragung von Werken des italienischen Dichters Mario Luzi ins Deutsche, zuletzt: »Und ein Lächeln, das alles verwirrt. Ein Dichter in China«, Anton G. Leitner Verlag, *edition* DAS GEDICHT, Weßling 2001. 122: »Gestohlen« (aus DAS GEDICHT Nr. 9, Weßling 2001, S. 13), © beim Autor.

Björn Kuhligk, geboren 1975 in Berlin, lebt dort als Buchhändler. Mehrere Auszeichnungen. Aktuellster lyrischer Einzelband: »Am Ende kommen Touristen«, Berlin Verlag, Berlin 2002. 82: »Mit dir schlafen« (aus DAS GEDICHT Nr. 8, Weßling 2000, S. 103), © beim Autor.

Günter Kunert, geboren 1929 in Berlin, lebt in Kaisborstel bei Itzehoe. Studium an der Kunsthochschule Berlin-Weißensee. Mehrere Auszeichnungen, u.a. *Georg-Trakl-Preis* (1997). Zahlreiche Gedichtbände, zuletzt: »So und nicht anders«, Carl Hanser Verlag, München 2002. 43: »Analogien« (aus DAS GEDICHT Nr. 7, Weßling 1999, S. 23); 52: »St. Pauli« (aus DAS GEDICHT Nr. 4, Weßling 1996, S. 16), © beim Autor.

Thomas Kunst, geboren 1965 in Stralsund, lebt in Leipzig. Studium der Pädagogik. Mehrere literarische Auszeichungen, zuletzt: *Stipendium der Villa Massimo* in Rom (1999). Jüngster Gedichtband: »Der Schaum und die Zeichnung vom Pferd«, Kowalke & Co. Verlag, Berlin 1998. 74: »Fruchtfliegen, Hotelfäule« (aus DAS GEDICHT Nr. 8, Weßling 2000, S. 85), © beim Autor.

Axel Kutsch, geboren 1945 in Bad Salzungen, lebt in Bergheim/Erft. Redakteur. Jüngster Gedichtband: »Wortbruch«, Verlag Landpresse, Weilerswist 1999. Zahlreiche Herausgeberschaften, u. a. »Lunas kleine Weltrunde. Das Mondkarussell der Poesie«, Anton G. Leitner Verlag, *edition* DAS GEDICHT, Weßling 2002. 157: »Klang eines Jagdhorns« (aus DAS GEDICHT Nr. 10, Weßling 2002, S. 38), © beim Autor.

Anton G. Leitner, geboren 1961 in München, lebt in Weßling. Studium der Rechtswissenschaften und Philosophie. Mehrere Auszeichnungen, zuletzt *Kulturpreis des Landkreises Starnberg* (2002). Begründer und Herausgeber der Zeitschrift DAS GEDICHT. Jüngste Edition: »Heiß auf dich. 100 Lock- und Liebesgedichte«, dtv/Hanser, München 2002. Aktueller Gedichtband: »Das Meer tropft aus dem Hahn. Fließ, Blätter«, Lyrikedition 2000, München 2002. Internetadresse: www.anton-leitner.de. 159: »Sprich nicht von Herbst!« (aus DAS GEDICHT Nr. 10, Weßling 2002, S. 65ff.), © beim Autor.

Michael Lentz, geboren 1964 in Düren, lebt in München. Studium der Germanistik, Geschichte und Philosophie. Promotion (Dr. phil.). Autor, Slammer, Musiker und Interpret von experimentellen Texten. Mehrere Auszeichnungen, u. a. *Erster Preis des Individual Competition National Poetry Slam* (1998) und *Ingeborg-Bachmann-Preis* (2001). Mehrere Einzeltitel, u. a. »Neue Anagramme«, edition selene, Wien 1998 und »muttersterben«, S. Fischer Verlag, Frankfurt a. M. 2002. 109: »neulich« (aus DAS GEDICHT Nr. 7, Weßling 1999, S. 57f.), © beim Autor.

Hermann Lenz, geboren 1913 in Stuttgart, gestorben 1998 in München. Studium der Kunstgeschichte, Archäologie und Germanistik. Zahlreiche Literaturpreise, u. a. *Georg-Büchner-Preis* (1978). Mehrere Gedichtbände, u. a. »Rosen und Spatzen«, Verlag Klaus G. Renner, München 1991. 20: »Morgens« (aus DAS GEDICHT Nr. 3, Weßling 1995, S. 58), © alle Rechte bei und vorbehalten durch Suhrkamp Verlag, Frankfurt a. M.

Rainer Malkowski, geboren 1939 in Berlin/Tempelhof, lebt in Brannenburg/Inn. Auszeichnungen u. a. *Joseph-Breitbach-Preis* (1999). Acht Gedichtbände, u. a. »Hunger und Durst«, Suhrkamp Verlag, Frankfurt a. M. 1997, zuletzt der Prosaband »Im Dunkeln wird man schneller betrunken«, Nagel & Kimche, Zürich 2000. 119: »Der Forscher Fabre« (aus DAS GEDICHT Nr. 1, Weßling 1993, S. 32), © beim Autor.

Kurt Marti, geboren 1921 in Bern (Schweiz), lebt dort. Studium der Theologie. Pfarrer in Bern. Ehrendoktor der Universität Bern. Mehrere Literaturpreise, u. a. *Kurt-Tucholsky-Preis* (1997). Zahlreiche Veröffentlichungen, zuletzt: »Leichenreden«, Nagel & Kimche Verlag, Zürich 2001. 84: »69« (aus DAS GEDICHT Nr. 8, Weßling 2000, S. 9); 26: »herbsttag« (aus DAS GEDICHT Nr. 3, Weßling 1995, S. 36), © beim Autor.

Friederike Mayröcker, geboren 1924 in Wien, lebt dort. Etliche Auszeichnungen, u. a. *Georg-Büchner-Preis* (2001). Zahlreiche Einzelpublikationen, u. a. »Requiem für Ernst Jandl«, Suhrkamp Verlag, Frankfurt a. M. 2001. 21: »im Flur oder Flug ...« (aus DAS GEDICHT Nr. 7, Weßling 1999, S. 17); 126: »tempelhüpfen« (aus DAS GEDICHT Nr. 9, Weßling 2001, S. 12), © alle Rechte bei und vorbehalten durch Suhrkamp Verlag, Frankfurt a. M.

Dieter P. Meier-Lenz, geboren 1930 in Magdeburg, lebt in Serralongue (Südfrankreich). Studium der Germanistik, Soziologie, Politologie und Philosophie. Literaturpreise, u. a. *Künstlerstipendium des Landes Niedersachsen* (1985). Jüngster Gedichtband: »Meine Waffe ist ein Sonnenuntergang«, edition literarischer salon, Gießen 2002. 93: »erinnerung an hofmannsthal« (aus DAS GEDICHT Nr. 3, Weßling 1995, S. 65), © beim Autor.

Jürgen Nendza, geboren 1957 in Essen, lebt in Aachen und Vaals (Niederlande). Studium der Deutschen Philologie, der Neueren Deutschen Literaturgeschichte und Philosophie. Promotion (Dr. phil.). Mehrere Literaturpreise, u. a. *Lyrikpreis Meran* (1998). Jüngster Gedichtband: »und am Satzende das Weiß. Gedichte«, Verlag Landpresse, Weilerswist 2000. 136: »Vier Himmel, umgeblättert / in St. André-de-Roquepertuis« (aus DAS GEDICHT Nr. 9, Weßling 2001, S. 64), © beim Autor.

Gerhard Neumann, geboren 1928 in Rostock, gestorben am 25. Juni 2002 in Hamburg. Auszeichnungen u. a. *Ehrengabe der Bayerischen Akademie der Schönen Künste* (1997). Mehrere Gedichtbände, u. a. »Unter Ziegelbränden«, Rimbaud Verlag, Aachen 1997. 145: »Auf und davon« (aus DAS GEDICHT Nr. 9, Weßling 2001, S. 18), © beim Autor.

Alexander Nitzberg, geboren 1969 in Moskau, lebt in Düsseldorf. Lyriker, Übersetzer und Literaturkritiker (»Die Zeit«). Mehrere Auszeichnungen, u. a. *Ringelnatz-Förderpreis* (2001). Jüngster Gedichtband: »›Na also!‹ sprach Zarathustra«, Grupello Verlag, Düsseldorf 2000. 131: »St. Petrus« (aus DAS GEDICHT Nr. 9, Weßling 2001, S. 84), © beim Autor.

Hellmuth Opitz, geboren 1959 in Bielefeld, lebt dort. Lyrischer Einzelband: »Engel im Herbst mit Orangen«, Pendragon-Verlag, Bielefeld 1996. 88: »Schöner scheitern« (aus DAS GEDICHT Nr. 8, Weßling 2000, S. 74), © beim Autor.

Albert Ostermaier, geboren 1967 in München, lebt dort. Diverse Auszeichnungen, u. a. *Ernst-Hoferichter-Preis* (1999). Mehrere Gedichtbände, zuletzt: »Autokino«, Suhrkamp Verlag, Frankfurt a. M. 2001. 166: »defaced« (aus DAS GEDICHT Nr. 10, Weßling 2002, S. 76 f.), © beim Autor.

Oskar Pastior, geboren 1927 in Hermannstadt (Rumänien), lebt in Berlin. Studium der Germanistik in Bukarest. Mehrere literarische Auszeichnungen, u. a. *Peter-Huchel-Preis* (2001). Aktueller Einzeltitel: »Villanella & Pantum. Gedichte«, Carl Hanser Verlag, München 2000. 112: »mademoiselle« (aus DAS GEDICHT Nr. 7, Weßling 1999, S. 19), © beim Autor.

Matthias Politycki, geboren 1955 in Karlsruhe, lebt in Hamburg und München. Studium der Neueren Deutschen Literatur und Philosophie. Promotion (Dr. phil.). Mehrere Literaturpreise, u. a. *Bayerischer Staatsförderpreis für Literatur* (1998). Etliche Einzelbände, u. a. »Jenseits von Wurst und Käse. 44 Gedichte«, Luchterhand Literaturverlag, München 1995 und »Das Schweigen am andern Ende des Rüssels«, Hoffmann und Campe, Hamburg 2001. 149: »Chanson des zweiten Siegers« (aus DAS GEDICHT Nr. 10, Weßling 2002, S. 50), © beim Autor.

Ilma Rakusa, geboren 1946 in Rimavska Sobota (Slowakei), lebt in Zürich. Studium der Slawistik und Romanistik. Lehrbeauftragte an der Universität Zürich. Auszeichnungen u. a. *Petrarca-Preis für Übersetzungen* (1991). Mehrere Gedichtbände, u. a. »Love after love. Acht Abgesänge«, Suhrkamp Verlag, Frankfurt a. M. 2001. 128: »Limbo« (aus DAS GEDICHT Nr. 9, Weßling 2001, S. 45 f.), © bei der Autorin.

Arne Rautenberg, geboren 1967 in Kiel, lebt dort als Autor, Kritiker und bildender Künstler. Studium der Kunstgeschichte und Literaturwissenschaft. Aktueller Gedichtband: »alle hebel umgelegt auf faulen fisch«, Konrad-Kirsch-Verlag, Sulzbach 1999. 37: »reanimieren von weihnachtskarpfen« (aus DAS GEDICHT Nr. 7, Weßling 1999, S. 60), © beim Autor.

Anna Real, geboren 1949 in Jettingen, lebt in Essen. Studium der Anglistik, Geschichte und Ethnologie. Literarisches Debüt 1999 in der Zeitschrift DAS GEDICHT. Veröffentlichungen in Anthologien (u. a. »Jahrbuch der Lyrik 2001«, C. H. Beck Verlag, München). 97: »Schneefall bei Temperaturen über Null« (aus DAS GEDICHT Nr. 7, Weßling 1999, S. 36 f.), © bei der Autorin.

Gerhard Rühm, geboren 1930 in Wien, lebt in Köln. Zahlreiche Auszeichnungen, u. a. *Grillparzer-Preis* (1993). Aktuelle literarische Veröffentlichung: »um zwölf uhr ist es sommer. Gedichte. Sprechtexte, Chansons, Theaterstücke, Prosa«, Verlag Philipp Reclam jun., Stuttgart 2000. 83: »versunken« (aus DAS GEDICHT Nr. 8, Weßling 2000, S. 22), © beim Autor.

Said, geboren 1947 in Teheran (Iran), lebt in München. Bis Frühjahr 2002 Präsident des Deutschen PEN-Zentrums. Auszeichnungen u. a. *Adelbert-von-Chamisso-Preis* der Robert Bosch Stiftung (2002). Mehrere Einzelbände, zuletzt: »Dieses Tier, das es nicht gibt. Ein Bestiarium«, C. H. Beck Verlag, München 1999. 81: »Sie murmelt jedem Fenster zu« (aus DAS GEDICHT Nr. 4, Weßling 1996, S. 29), © beim Autor.

Joachim Sartorius, geboren 1946 in Fürth, lebt in Berlin. Studium der Rechts- und Politischen Wissenschaften. Promotion. Seit 2001 Intendant der Berliner Festspiele, vorher Generalsekretär des Goethe-Instituts. *Paul-Scheerbart-Preis für Lyrik-Übersetzungen* (1998). Etliche Herausgeberschaften, u. a. »Atlas der neuen Poesie«, Rowohlt, Reinbek bei Hamburg 1996. Mehrere Gedichtbände, zuletzt: »In den ägyptischen Filmen«, Suhrkamp Verlag, Frankfurt a. M., 2001. 72: »Diana« (aus DAS GEDICHT Nr. 8, Weßling 2000, S. 53), © beim Autor.

Walle Sayer, geboren 1960 in Bierlingen bei Tübingen, lebt in Horb-Dettingen. Literarische Auszeichnungen u. a. *Förderpreis zum Friedrich-Hölderlin-Preis* der Stadt Homburg (1997). Aktueller Einzeltitel: »Von der Beschaffenheit des Staunens«, Verlag Klöpfer & Meyer in der DVA, Tübingen/München 2002. 116: »Panoptikum« (aus DAS GEDICHT Nr. 9, Weßling 2001, S. 69), © beim Autor.

Robert Schindel, geboren 1944 in Bad Hall, lebt in Wien. Auszeichnungen u. a. *Mörike-Preis* der Stadt Fellbach (1999/2000). Mehrere Einzeltitel, u. a. »Ein Feuerchen am Hintennach. Gedichte«, Suhrkamp Verlag, Frankfurt a. M. 1992. 36: »Im Hochwald« (aus DAS GEDICHT Nr. 7, Weßling 1999, S. 34), © beim Autor.

Ferdinand Schmatz, geboren 1953 in Karneuburg (Niederösterreich), lebt in Wien. Studium der Germanistik und Philosophie. Herausgeber des Nachlasses von Reinhard Priessnitz. Mitglied des Bielefelder Colloquiums. Mehrere Gedichtbände, u. a. »das grosse babel,n«, Haymon Verlag, Innsbruck 1999. 134: »pfingsten« (aus DAS GEDICHT Nr. 9, Weßling 2001, S. 54 f.), © beim Autor.

Kathrin Schmidt, geboren 1958 in Gotha, lebt in Berlin. Diplompsychologin, Redakteurin und Sozialwissenschaftlerin. Mehrere Auszeichnungen, u. a. *Leonce-und-Lena-Preis* (1993). Mehrere Gedichtbände, u. a. »GO-IN der BELLADONNEN«, Kiepenheuer & Witsch Verlag, Köln 2000. 50: »go-in der belladonnen« (aus DAS GEDICHT Nr. 6, Weßling 1998, S. 25 f.), hier nach oben genanntem Gedichtband, © 2000 by Kiepenheuer & Witsch Verlag, Köln.

Raoul Schrott, geboren 1964 in São Paulo (Brasilien), lebt in Irland. Promotion (Dr. phil.). Zahlreiche Preise, u. a. *Ingeborg-Bachmann-Preis* (1994). Mehrere Herausgeberschaften und Gedichtbände, u. a. »Hotels«, Haymon Verlag, Innsbruck 1995. 49: »hotels VIII« (aus DAS GEDICHT Nr. 3, Weßling 1995, S. 105), © 1995 Haymon Verlag, Innsbruck.

Julian Schutting, geboren 1937 in Amstetten (Niederösterreich), lebt in Wien und Salzburg. Auszeichnungen u.a. *Georg-Trakl-Preis für Lyrik* (1989). Mehrere Gedichtbände, u.a. »Aufstörungen. Prosagedichte«, Rospo-Verlag, Hamburg 1998. 68: »Sinnesfreuden« (aus DAS GEDICHT Nr. 8, Weßling 2000, S. 34), © beim Autor.

Lutz Seiler, geboren 1963 in Culmitzsch (Thüringen), lebt in Wilhelmshorst bei Berlin. Auszeichnungen u.a. *Dresdner Lyrik-Preis* (2000). Jüngster Lyrikband: »pech & blende«, Suhrkamp Verlag, Frankfurt a.M. 2000. 34: »mein jahrgang, dreiundsechzig, jene« (aus DAS GEDICHT Nr. 6, Weßling 1998, S. 33f.), hier nach oben genanntem Gedichtband, © alle Rechte bei und vorbehalten durch Suhrkamp Verlag, Frankfurt a.M.

Dorothee Sölle, geboren 1929 in Köln, lebt in Hamburg. Theologin. Literaturpreise u.a. *Meersburger Droste-Preis* (1982). Mehrere Lyrikbände, zuletzt: »Loben ohne Lügen.«, Wolfgang Fietkau Verlag, Kleinmachnow 2000. 121: »Ihre haut war weiß« (aus DAS GEDICHT Nr. 9, Weßling 2001, S. 22), © bei der Autorin.

Ludwig Steinherr, geboren 1962 in München, lebt dort. Studium der Philosophie. Promotion (Dr. phil.). Lehrbeauftragter für Philosophie. Diverse Literaturpreise, u.a. *Hermann-Hesse-Förderpreis* (1999). Mehrere Gedichtbände, zuletzt: »Fresko, vielfach übermalt«, Lyrikedition 2000, München 2002. 152: »Paläontologisches Museum« (aus DAS GEDICHT Nr. 10, Weßling 2002, S. 69), © beim Autor.

Kiev Stingl, geboren 1943 in Aussig, lebt in Berlin. Literarische Auszeichnung: *Arbeitsstipendium für Berliner Schriftsteller* (1992). Mehrere CD's und Gedichtbände. 132: »auch das laute« (aus DAS GEDICHT Nr. 5, Weßling 1997, S. 22), © beim Autor.

Johano Strasser, geboren 1939 in Leeuwarden (Niederlanden), lebt in Berg am Starnberger See. Schriftsteller und Redakteur. Seit Frühjahr 2002 Präsident des Deutschen PEN-Zentrums. Letzte Lyrikveröffentlichung: »Bei Regen über Regen reden«, Lyrikedition 2000, München 2000. 170: »Happy End« (aus DAS GEDICHT Nr. 10, Weßling 2002, S. 28), © beim Autor.

Sabine Techel, geboren 1953 in Berlin, lebt dort. Studium der Germanistik, Amerikanistik. Mehrere Auszeichnungen, u.a. *Autorenförderung der Stiftung Niedersachsen* (1994). Lyrischer Einzeltitel: »Es kündigt sich an«, Suhrkamp Verlag, Frankfurt a.M. 1986. 87: »Fliegen lernen« (aus DAS GEDICHT Nr. 8, Weßling 2000, S. 59), © bei der Autorin.

Uwe Tellkamp, geboren 1968 in Dresden, lebt dort und in München. Arzt. Literarische Auszeichnung: *2. Förderpreis zum Lyrikpreis Meran* (2002). Einzelband »Der Hecht, die Träume und das Portugiesische Cafe«, Faber und Faber, Leipzig 2000. 108: »(metamorphosis.) BILDERSCHRIFT partitur« (aus DAS GEDICHT Nr. 9, Weßling 2001, S. 83), © beim Autor.

Jürgen Theobaldy, geboren 1944 in Straßburg, lebt in Bern. Schriftsteller und Übersetzer. Mehrere Gedichtbände, u. a. »Immer wieder alles«, zu Klampen Verlag, Lüneburg 2000. 85: »Olivenöl« (aus DAS GEDICHT Nr. 5, Weßling 1997, S. 23), hier in einer vom Autor redigierten Fassung, © beim Autor.

Hans-Ulrich Treichel, geboren 1952 in Versmold (Westfalen), lebt in Berlin und Leipzig. Studium der Germanistik, Philosophie und Politologie. Professor für Dt. Literatur in Leipzig. Mehrere Literaturpreise, u. a. *Leonce-und-Lena-Preis* (1985). Gedichtband »Gespräch unter Bäumen«, Suhrkamp Verlag, Frankfurt a. M. 2002. 42: »Anflug Kiew« (aus DAS GEDICHT Nr. 3, Weßling 1995, S. 90), © beim Autor.

Jan Wagner, geboren 1971 in Hamburg, lebt in Berlin. Studium der Anglistik und Amerikanistik. *Übersetzerpreis der Stadt Hamburg* (1999). Einzelband: »Probebohrung im Himmel. Gedichte«, Berlin Verlag, Berlin 2001. 76: »modigliani malt seinen ›rosa akt‹« (aus DAS GEDICHT Nr. 8, Weßling 2000, S. 99), © beim Autor.

Paul Wühr, geboren 1927 in München, lebt in Passignano sul Trasimeno (Italien). Viele Auszeichnungen, u. a. *Großer Literaturpreis der Bayerischen Akademie der Schönen Künste* (1997). Mehrere Lyrikbände, u. a. »Venus im Pudel«, Carl Hanser Verlag, München 2000. 95: »nun aber« (aus DAS GEDICHT Nr. 4, Weßling 1996, S. 12), © beim Autor.

Henning Ziebritzki, geboren 1961 in Wunstorf, lebt in Tübingen. Auszeichnung: *Niedersächsischer Förderpreis für Literatur* (1996). Mehrere Einzeltitel, u. a. »Randerscheinungen. Gedichte«, S. Fischer Verlag, Frankfurt a. M. 1998. 124: »Die Grablegung« (aus DAS GEDICHT Nr. 9, Weßling 2001, S. 72), © beim Autor.

Weitere Angaben zu DAS GEDICHT: www.dasgedicht.de